그때 가슴이 뛰었네

윤기정 수필집

그때 가슴이 뛰었네
윤기정 수필집

초판 1쇄 인쇄 2024. 10. 20
초판 2쇄 발행 2024. 12. 16

지은이 | 윤기정

펴낸이 | 안재창, 박성수
펴낸곳 | 말쿠트
주 소 | 경기도 고양시 성저로25 608-204
이메일 | malkut@naver.com
등 록 | 제 2018-000076 호

이 출판물은 저작권법으로 보호받는 저작물이므로
무단전제나 무단복제를 할 수 없습니다.

ISBN 979-11-963823-5-3

그때 가슴이 뛰었네

윤기정 수필집

책을 내며

첫 수필집입니다. 수록한 글은 수필 전문지, 종합문예지, 양평 문인협회지, 지역단체 기관지 등에 실린 글로서 일부 바로잡았습니다.

글 쓰는 일, 책 내는 일은 상상만 하던 꿈이었습니다. 36년여 봉직했던 교원 생활을 마무리하면서 글쓰기를 시작했습니다. 마음에 드는 하나의 말을 얻기 위해서 지새운 밤이 끝날 즈음이면 영(靈)과 육(肉)은 지칩니다. 이러자고 글쓰기를 시작했나? 하는 후회에 밤새운 시간을 아쉬워한 적도 한두 번이 아닙니다. 이렇게 쓴 글을 누가 읽어줄지 하는 생각에 미치면 등골이 서늘해지기도 합니다. 밤새워 건진 내 깐에는 빛나는 말 하나와 어느 독자의 블로그에 저장

된 내 이름 박힌 글 한 편을 보면서 용기를 냅니다.

 사랑하는 아내와 손주 주영, 채희 그리고 아들, 며느리와 함께한 삶이라 행복합니다. 지금은 사라진 어머니, 동생들과의 시간은 그리움입니다. 제자들과의 인연은 특별한 선물이었습니다.

 글 쓰는 일이 힘겨워 주저앉고 싶을 때마다 격려의 말씀으로 손을 잡아 일으켜 준 김창식 선생님 감사합니다. 사제의 인연으로 만나서 변변치 않은 글을 모아 멋진 책으로 펴내느라 애쓴 한국족보편찬위원회 안재창 사무국장의 노고에 가슴이 뭉클합니다.

 가슴이 뛸 때면 거기 사람이 있었고, 사람들의 이야기가 있었습니다. 그때 행복했습니다.

2024년 10월 양평 오빈에서

윤 기 정

그 때 가슴이 뛰었네

차 례

책을 내며 · 5

1부. 와이피가 준 선물

클라고 · 12 ｜ 다낭 차례(茶禮) · 16

고구마 · 23

못다 부른 조홍시가(早紅枾歌) · 28

선물 3케 · 34 ｜ 와이피가 준 선물 · 41

파리의 추억 · 47 ｜ 추석컨야 · 52

설거지 · 57 ｜ 머위와 청설모 · 62

2부. 삶을 짓다

삶을 짓다 · 70 ｜ 잘하는 보다 더 잘하는 · 74

청려장 · 80 ｜ 노인시대 살아내기 · 85

능소화가 피었습니다 · 89 ｜ 비멍 · 96

사릉에서 길을 잃다 · 101 ｜ 창밖의 시간 · 107

누구라도 바람에 · 113 ｜ 꽃길만 걸으세요 · 117

빈자리도 많은데 · 123

3부. 반에 반하다

새, 다시 날다 · 128 | 반에 반하다 · 134

숫눈 유레카 · 139 | 해피엔딩 · 144

멍부멍게 · 150 | 그래도 빗물 · 154

그 여름의 우화(羽化) · 159

주례의 시작 · 164 | 건배 삼창 · 170

꿈 · 175 | 사랑마을 · 180

4부. 좋은 데 사시네요...

중복 이야기 · 188 | 막걸리 한 잔 · 194

양평군자 · 198 | 개토피아 · 203

까치를 기다리며 · 209 | 그양 가요 · 214

비바! 파크골프 · 219 | 요리하는 청춘 · 224

사람 살려 · 230 | 위하여 복무함 · 235

좋은 데 사시네요 · 240

1부. 와이피가 준 선물

클라고

'클라고'는 '크려고'의 외할머니 식 발음이다. '클라고 그런다'는 말은 아플 때나 어머니에게 꾸중 들을 때면 어김없이 듣던 말이다. 나나 동생들이 아플 때면 이마를 짚고 하던 말씀인데 이상하게 힘이 되었다. '큰다'는 말이 까닭 없이 좋았다. 잘게 찢은 장조림 고기를 쌀죽에 얹어주는 호강을 누릴 때면 자꾸 크고 싶었다.

'클라고'는 꾸중을 들을 때면 어김없이 등장했다.

"어머니는 가만 좀 계셔요. 애들 버릇 나빠져요."

할 때쯤이면 무릎을 펼 수 있는 시간이 되었다는 것을 우리는 알았다. 한번은 동생 하나가 까치발로 베개를 딛고 서서 아버지 양복 웃옷에서 동전 한 닢을 꺼내다 들켰다. 어머니에게 혼나고 있을 때 할머니의 '클라고'가 들렸다. 잠시 후 어머니의 웃음보가 터졌다. 나도 키득거렸다.

"크면 베개 없어도 되는데"

라는 내 말에 할머니도 웃고 동생도 따라 웃었다. 그 '클라고'가 평생 힘이 되는 한 마디가 될 줄을 그때는 몰랐다.

 나에게는 외삼촌이 없다. 외할머니는 막내 사위와 함께 산 거였는데 그런 형편을 안 것은 좀 더 큰 뒤였다. 어쨌든 우리 형제에게는 그냥 할머니였다. 아버지가 파월 기술자로 갔다가 영정 사진 앞세운 작은 상자로 돌아오고 나서 방황이 시작됐다. 아버지의 부재와 블록 벽에 슬레이트 몇 장 얹은 변소 없는 무허가 단칸방과 끼니마저 간데없는 가난은 고등학생으로서 견디기 어려운 부끄러움이었다. 나는 끝없이 엇나가고 있었다. 가난보다 부끄러운 맏이가 되고 있었다.

 깜깜한 부엌, 부뚜막에 앉아서 어머니는 담배를 피웠다. 한 개비를 받아서 엉거주춤 선 채 나도 담배를 피웠다. 장남을 앞에 둔 어머니의 긴 한숨만 이어지고, 나는 숨쉬기조차 힘들었다.

"클라고 그러니라."

할머니가 나가면서 던진 말씀이다. 할머니 동네 친구가 우리의 딱한 신세를 알고 당신의 단칸방에 할머니의 잠자리를 내어 주어서 밤이면 그리로 걸음 했다. 담뱃불을 발로 비벼 끌 때 가슴에 조그만 불 하나가 켜졌다.

'그래. 커 보자.'

 살면서 겪어내야 할 고비마다 그 말씀을 떠올리며 참아냈다. 이제는 몸도 마음도 더 클 일이 없지만 '클라고'만 떠올리면 신이 난다. 이만큼 살아오면서 마음의 지팡이가 된 말이 많지만 '클라고'가 으뜸이다. 이제는 사라진 옛 가족의 얼굴들, 어느 밤의 둥그런 촛불, 바람벽에 흔들리던 그림자, 60촉 전등을 꺼도 이불 속에서 이어지던 우리 4형제의 키득거림과 소곤거림,

"어이들 자라. 잘 자야 크지."

윗목에서 들려오는 할머니의 웃음기 서린 목소리 끝에 해병대산을 넘어온 밤 기차 기적 소리 들으면서 잠들던 기억들, 행복한 장면들은 그 말에 모두 들어있음이라.

 손주 남매가 장난감 하나를 가지고 서로 제 것이라고 다투다가 끝내 싸움이 커진다. 애들 아비 어미가 나서기 전에 한쪽 팔에 하나씩 나눠 안으면서 아들, 며느리 말막음한다.

"그러면서 크는 거야."

불현듯 할머니의 얼굴이 떠올랐다가 멀어져 간다. 많이 컸다 하셨을까?

다낭 차례(茶禮)

 베트남 다낭 근교 호이안의 호텔에서 추석을 맞았다. 창너머로 해 뜨는 방향을 가늠해 보고 호텔을 나왔다. 호텔 뒤로 흐르는 투본강 강변을 따라 돋는 해를 바라보며 걸었다. 추석 연휴에 해외여행 계획을 세운 아들을 나무라지 않았다. 목적지가 베트남 다낭이었기 때문이었다. 다낭은 돌아가신 아버지의 마지막 편지에 적힌 주소였다. 아버지가 마지막 본 하늘은 다낭의 하늘이었고, 아버지 일은 내 문제일 뿐이었다. 아버지의 얼굴도 못 본 아들, 며느리나 아내의 여행 기분을 가라앉게 하고 싶지 않았다. 열대 과일 몇 개 놓고 호텔 방에서 조용히 차례(茶禮)를 올리려던 생각을 바꿔 거리로 나섰다.
 파월 기술자였던 아버지는 현지에서 처우가 더 나은 회사로 옮기려 했으나 뜻대로 되지 않았다. 아버지가 되돌릴 수 없는 선택을 했다. 치열한 전쟁 중인 이국에서 갈 곳이 없어진 황망함에 그런 선택을 했으리라고 짐작만 할 뿐이었다. 사고가 나자 몸담았던 회사, 옮기려고 했던 회사 모두 우리 직원이 아니라고 했다. 초등학교 중퇴가 최종 학력인 어머니와 맏이지만 열여섯의 고등학교 일 학년이던 내가 아버지의 사망에 대한 진상을 알아낸다는 것은 힘에 부치는 일이었다. 신문기자인 친구 형에게 상황을 알아봐 달라는 부탁과 청와대에 민원을 넣은 것이 할 수 있는 일의 전부였다. 회신은 신문 기사대로 스스로 선택한 일이라고 확인해 줄 뿐이었다. 소속이 어느 회사인지에 대한 답은 없었다.

산소는 할아버지가 정해 준 선산 한 쪽 기슭에 썼으나, 어린 눈에도 명당과는 거리가 있어 보였다. 바윗부리가 드러난 산기슭의 묏자리와 아버지가 세상을 버린 깊은 이유를 알아내지 못한 갑갑함은 아물지 않는 생채기로 남았다. 제사나 차례를 지낼 때면 가슴이 먹먹했다. 이십여 년 전, 동생들과 뜻을 모아서 선친 산소에 석물을 세웠다. 몇 년 뒤에 산소를 조금 옮기면서 어머니 합장할 수 있도록 자리를 마련했다. 생채기 하나 아무는 기쁨에 4형제가 뿌듯한 마음으로 일했던 기억이 새롭다.

그때는 베트남을 '월남'이라고 불렀다. 고등학교 1학년 때 종로통에 늘어서서 파월 부대 장병 환송을 했다.

"~가시는 곳 월나암~ 땅 하늘은 멀더라도~" 노래에 발맞추며 하얀 장갑 낀 주먹을 어깨높이 위로 들어 올리던 군인들의 행진이 눈에 선하다. 아버지가 월남에 기술자로 떠난 것도 그 해였다.

김포 공항에서 아버지는 맏이를 기다리다가 끝내 보지 못하고 비행기를 탔다. 그날 밤 "아버지가 무척 기다리셨다. 왜 못 왔니?" 손목시계를 건네면서 묻던 어머니의 목소리는 나무람보다는 차라리 떨림이었다. 대답을 할 수 없었다. 재수 끝에 고등학교에 들어간 탓에 1년 선배라고 해야 대부분 동갑내기였다. 도서반원이었고 그날이 하필 도서관 당번이었다. 일찍 나가겠다고 하였더니 1년 선배인 도서반 반장이 책임감 운운하며 마음을 불편하게 했다.

'재수만 안 했으면 같은 학년인데'

라는 아니꼬운 생각이 들었다. 아쉬운 소리를 하기 싫어서 공항에 나가지 않았다. 철없고 어리석은 생각이 단단한 멍울을 가슴에 남기고 말았다. 시계가 아버지의 마지막 선물이 될 줄은 그때는 몰랐었다.

 아버지가 월남으로 떠나던 해의 봄이었다. 담배를 놓고 출근한 아버지 뒤를 따라 담배와 라이터를 들고 뛰었다. 안개 자욱한 이른 봄날의 새벽이었다. 바로 따라나섰는데도 벌써 버스 한 정거장 거리만큼 멀리 보였다. 새벽안개 속의 뒷모습이 희미했지만, 행인이 한 사람뿐이었으니 아버지가 분명했다. '아버지'하고 외치며 냅다 뛰었다. 담배를 받아들고 돌아선 아버지를 안개가 이내 삼켜버렸다. '아버지'를 부를 일이 그날 이후로는 없었다. 아버지는 안개 속으로 멀어져가던 뒷모습으로만 기억된다.

 다낭에 간다고 무엇이 달라지겠는가? 군용 천막 앞에서 반바지에 러닝셔츠 바람으로 의자에 앉아 찍은 아버지의 사진이 한 장 있었다. '사진을 단서로 무엇을 알아낼 수 있지 않을까?'라는 생각도 해봤지만, 이제는 50년도 넘은 세월이 지났다. 의자에 앉은 아버지 뒤로 멀리 사진에 찍힌 소녀를 찾을 생각도 해 봤으나 그 역시 쉽지도 않겠거니와 찾아서 무얼 어쩌겠는가. 그 사진마저 연전에 퇴직하면서 사진 정리할 때 없앴다. 아버지의 마지막 숨이 한 방울이라도 섞였을 그곳을 찾는 것으로 공항에 나가지 못한 회한과 억울함은 없었는지 밝히지 못한 빚을 조금이라도 덜고 싶었건만, 다낭은 그렇게 애틋한 그리움처럼 가슴 한편에 자리했다.

강둑을 타고 희미한 안개가 오르고 있었다. 추석을 쇠지 않는 베트남 사람들의 출근 시간이었다. 오토바이 행렬이 끊임없이 안개를 헤치고 나타났다가 사라져간다. 안개에 묻혀가는 사람들의 모습을 보고 있자니 '아버지'를 부르던 내 목소리가 들려오는 듯하였다.

"아버지! 이제야 왔습니다. 원망 많이 했습니다. 깊은 밤 어둠 속에서 깜박이는 어머니의 담뱃불을 보면서, 동생들의 보호자 노릇이 벅찰 때면 당신을 원망했습니다. 이역만리 타국에서 내려놓을 수밖에 없었을 당신 삶의 무게는 짐작할 여유도 없이 살았습니다. 미안합니다. 전해 주신 시계는 언제 없어졌는지도 모르겠습니다. 공항에 나가지 못해 …"

힘들었던 시절의 상념과 함께 뜨뜻한 것이 가슴 밑바닥에서 치밀어 올랐다.

"증손자까지 모두 왔습니다. 증손자 주영이 잘 크도록 지켜주세요. 그 아이의 어미, 아비도 지켜 주시고요. 오늘 차례는 이걸로 대신합니다."

 멀리 내 나라가 있을 동쪽을 바라보며 아버지에게 고했다. 치밀어 오른 뜨뜻함이 아지랑이처럼 몸에서 천천히 빠져나가는 느낌이었다. 아침 산책을 마친 양 아무렇지도 않은 표정으로 호텔로 돌아왔다.

 귀국하여 헤어지면서 며느리에게

"다낭이라서 좋았다. 꼭 가고 싶었던 곳이었거든"

라고 말하자

"아범이 그래서 거기로 정한 거예요."

하는 것이 아닌가! '그래서'라고 했다. 아비의 말을 흘려듣지 않은 거구먼. 적잖이 놀랐다. 무심한 아들 녀석인 줄로만 여겼는데 '다낭을 가봐야만 불효한 마음을 조금이나마 덜 것 같다.'

는 말을 오래전에 한 번 했는데 잊지 않고 있었다니. 아내에게

"아들이 용케 내 말을 잊지 않고 멋진 일을 저질렀네, 며느리도 고맙고. 대단한 아이들이야."

라고 기분 좋게 자랑했다. 아내가 운전하면서 고개도 돌리

지 않고 노래하듯 가볍게 대꾸한다.
"내가 거기로 가자고 했어요."

고구마

 갓 구워낸 고구마를 양손에 옮겨 쥐어가며 껍질을 벗긴다. 뜨거운 김을 불어낸다. 잇몸을 한껏 드러내면서 앞니로 노란 속살의 열기를 가늠한다. 뜨거움이 앞니 끝에서 온몸으로 번진다. 베어 문 군고구마 한 조각의 열기와 밀고 당기느라 입술과 혀와 이, 벌름대는 콧구멍까지 바쁘다. 얼굴도 벌겋게 달아오른다. 군고구마 한 입 먹기가 만만치 않다. 온 신경을 일으켜 세워 뜨거움과 체온이 조화를 이루는 지점을 찾아야 한다. 우스꽝스러운 행동이지만 뜨거울 때 더 맛있으니 참아낼 일이다.

 동생이 하나였을 때다. 여닫이문을 열어젖힌 작은 방 문지방에 나란히 붙어 앉았다. 비가 내린다. 좁은 툇마루를 건너 먼지 같은 빗물 방울이 날아들기도 하는 그런 비다.

엄마는 툇마루 밑의 아궁이에서 얇게 썬 고구마를 부쳤다. 엄마 등에서는 하얀 김이 오른다. 툇마루에 놓인 접시에 부친 고구마를 담아주려고 허리를 펼 때만 엄마 얼굴을 볼 수 있다. 나이테 흐릿한 툇마루, 접시와 고구마, 엄마와 동생과 나 그리고 내리던 비와 오르던 김이 양철 챙을 두드리던 빗소리와 함께 비스듬히 높은 곳에서 내려다보는 그림처럼 떠오른다. 인생 첫 고구마는 미각이 아닌 시청각으로 남았다.

 지우고 싶은 고구마의 기억도 있다. 아버지는 운전사였는데 나이 들면서 운전 사고가 잦아졌다. 사고를 낼 때마다 집은 작고 허름해졌다. 기억 속의 첫 번째 집은 목욕탕도 있었다. 청구동 집은 마당에 해종일 햇빛이 놀았고, 약수동 집은 마당에 우물이 있는 'ㅁ'자형의 어두컴컴한 집이었다. 다음 집은 그 동네의 루핀 얹은 무허가 판잣집이었다. 그리로 이사하고 나서는 우물집 앞을 지날 때면 외면하고 다녔다. 동네 친구들과 어울리는 일도 줄였다.

 청구동 집이 판잣집이 될 때까지 6년이 채 걸리지 않았다. 그 사이 동생은 셋이 되었다. 중학교 2학년 때 판잣집을 헐고 새집을 짓기 시작했다. 헐어낸 집터 한 귀퉁이에 임시로

방 한 칸을 들였다. 여러 식구가 북적여도 새집에 대한 기대로 집안, 아니, 방안에는 웃음이 넘쳤다. 그때만 해도 집이 지어질 때까지 그렇게 긴 시간이 걸리고, 많은 일이 일어날 줄을 몰랐다. 그 겨우내 고구마로 끼니를 때울 줄도 그때는 알 수 없었다.

 어느 날 학교에서 돌아오니 모습을 갖춰가던 집이 사라졌다. 마당귀에 어깨 처진 아버지의 뒷모습이 보였다. 바람 한 줄기가 먼지를 날리며 아버지의 어깨를 짚고 지나가고 있었다. 얼마 뒤 공사는 다시 시작되었고 늦가을 전에 집이 지어졌다. 아버지가 구청을 몇 차례 드나들었고, 어머니가 일숫돈 얻는 것을 두 분의 대화로 짐작할 뿐이었다. '와이로'라는 말도 몇 차례 들었다. 집이 완성될 무렵 아버지의 마지막 교통사고가 터졌다. 아버지는 합의 대신에 재판을 받아들였다.

 그해 겨울은 길고 추웠다. 어머니는 안방 세놓은 돈으로 피해자와 합의했다. 우리 식구는 다시 건넌방 하나에 모였다. 어머니는 피해자 만나랴, 아버지 면회 다니랴 몇 년 전부터 시작한 과일 장사를 못하는 날이 많았다. 동네 큰집 담벼락에 부스럼처럼 붙은 싸구려 빵집에서 만든 밀가루만 크게 부풀린 빵이 아침인 날이 많았다. 도시락 대신에 삶은 고구마 두어 개를 누런 봉투에 담아 간 날도 있었다. 저녁은 삶은 고구마였다. 멀건 김칫국으로 목을 축이며 삶은 고구마를 삼켰다. 이듬해 봄 집행유예로 풀려난 아버지가 돌아왔다. 고구마는 구황식품임을 깨달은 것이 생애 두 번째 고구마의 기억이다.

 기술자로 월남 갔던 아버지가 다시는 사고 낼 수 없는 영혼으로 돌아왔다. 아버지가 바람 견디며 뒷모습으로 섰던 마당귀 너머 바깥 공터로 방 하나를 달아내어 안채는 팔고 그리로 나앉았다. 가게 한 칸도 덧붙였다. 방도 가게도 무허가였다. 가게에서 군것질거리를 팔았다. 여름에는 아이스케이크, 겨울에는 군고구마도 팔았다. 어머니가 중부시장에서 떼어서, 머리에 이고 장충단 고개를 넘은 과일도 팔았다. 밤늦게 어둠 스미듯 가게에 들어서면 어머니는 남겼던 과일이나 군고구마를 내밀었다. 도리질하며 거부했다. 오래도록 고구마를 잊으며 살았다. 궁핍의 기억과 자동 연결되는 고구마 따위는 쳐다보고 싶지 않았다. 고구마는 의식의 밑바닥에서 떠올라서는 안 되는 어떤 것이 되어갔다.

 어머니는 생전에 고구마를 좋아했다. 아내가 군고구마를

사 들고 온 어느 겨울 저녁에 식구들이 고구마 봉지를 펼치고 앉았다. 어머니의 눈꼬리에 웃음이 걸렸다.

'아범아. 이 고구마가 우리 살리지 않았니?' 군고구마를 좋아하신 까닭이 치아가 부실해서만은 아니었다는 생각이 그제야 들었다. 그 겨울의 고구마는 가슴을 에는 모정이었다. 한 개 집어 들었다. 그래야만 할 것 같았다. 철없던 날들, 어머니 가슴에 마구 그어댄 생채기가 아른거렸다. 입가에 미소를 슬쩍 흘리는 것으로 '암요' 답했다. 기다렸던 것처럼 고구마와 화해했다.

 아득한 기억 속의 빗줄기와 툇마루와 고구마, 젊은 날의 엄마 얼굴을 바라보다가 덜 식은 고구마를 한 입 베어 물었다.

'앗, 뜨거워!'

 아내가 놀란 눈으로 쳐다본다. 창밖으로 눈길을 돌리며 소리 죽여 웃는다. 소쿠리에 둘러앉은 동생들이 삼십 촉 불빛 아래서 소리 내어 웃고 있다. 불빛과 어둠의 경계쯤에서 어머니가 소리 없이 웃고 있다. 잊으려 할수록 속으로 차오르는 그리움도 있다.

못다 부른 조홍시가(早紅枾歌)

 1965년 가을, 서울을 떠나 고향에 내려가 있었다. 엄밀히 말하자면 아버지의 고향이었다. 그러나 '고향'이라는 어감이 푸근하여 좋았고, 누구에게나 꼭 있어야 할 것 같은 마음에, 서울내기이면서도 고향으로 삼았다. 방학 때마다 만나는 할아버지, 할머니와 사촌, 육촌 형제가 있었고 친구가 있었으며 추억이 있으니 고향 아닌가!

 중학교 졸업 후 본교(한 울타리 안의 고등학교) 진학에 실패하였다. 후기 고등학교 입시에도 낙방하였다. 운전 중 교통사고를 내고 실직 중인 아버지의 뒤를 이어 열여섯의 나이에 집안의 두 번째 실업자가 되었다. 어머니가 목이 휘도록 광주리에 과일을 이고 와서 버스 정류장 앞에 펼쳐놓고 팔아서 일곱 식구의 생계를 이었다. 우리 4형제와 외할머니까지 일곱 식구의 삶이 고단할 수밖에 없었다.

 그 시절에는 초등학교만 졸업하고 빈둥거리는 아이들이 많았다. 아이 중 일부는 소규모 공장에 '꼬마'로 불리며 잔심부름하면서 기술을 익히기도 했지만, 대개는 일없이 껌을 질겅거리며 골목길을 몰려다니기 일쑤였다. 나 역시 험한 눈빛을 하고 침을 찍찍 뱉어대는 초등학교 동창들과 함께 거리를 누볐다. 어머니 눈에 띄지 않게 다녔지만, 끝까지 숨을 수는 없는 일이었다.

 그해 여름이 끝나기 전에 산골짜기 고향으로 쫓겨 갔다. 잘못했다, 열심히 하겠다는 다짐을 기대하셨을 텐데 그렇게 하지 않았다. 고향에 가서 농사나 배우라는 말씀을 그대로 따르는 것으로 내 깐에는 반항을 한 것이었다. 고향에는 방학 때면 만났던 집안 형제들과 친구들이 있어서 심심하지 않았다. 거리의 자식에서 산야의 자식으로 빠르게 적응하면서 오히려 즐거웠다. 할아버지와 할머니는 동네에서 말썽만 부리지 않으면 나무라지 않았다.

 고향엔 감나무가 많았다. 감이 익어가는 가을이면 마을이 온통 주황색으로 물들었다. 감이 익어갈 무렵의 어느 날 늦은 오후였다. 감나무 가지 벌어진 틈에 걸터앉아서 저녁놀

을 바라보다 문득

'내가 왜 여기에 있지? 아닌데….'

라는 생각이 들었다. 철은 서서히 드는 것인가 어느 날 갑자기 찾아오는 것인가? 그날 감나무 가지에서 철이 들었나 보다. 바로 편지를 썼다. 깊이 반성하고 열심히 공부하여 내년 입시엔 반드시 합격하겠노라는 다짐을 적었다. 어머니의 허락을 받아 두어 달 만에 집으로 돌아왔다. 없는 살림에 학원 등록까지 지원받았다. 학원 모의고사에서 두 달 만에 최상위 그룹의 성적을 냈다. 이듬해 원하는 고등학교에 무난히 진학하였다.

 어머니는 내가 스스로 깨닫기를 바랐던 거였다. 많은 세월이 흘렀다. 깊은 산골 감나무 가지에서 철든 아이, 부모와 선생들의 속을 무던히도 썩이던 아이가 교장 선생님이 되었다. 어머니는 백발이 되었고, 치매로 하루하루 당신과 세상을 잃어가고 있었다. 어머니는 10월 중순 새벽에 침대에서 내려서다가 쓰러져 의식을 잃었다. 수술로도 소생의 가능성이 전혀 없다는 것이 의사의 소견이었다. 동생들과 어려운 결정 했다. 어머니의 수술을 포기했다. 멀리 알제리에 출장 가 있던 아들, 당신 손으로 키워낸 손자에게 이틀 동안 미루었던 할머니 소식을 알릴 수밖에 없었다.

그 며칠은 길고 긴 시간이었다. 어떤 순간들은 흑백 스냅 사진처럼 정지된 영상으로 지금인 양 떠오르기도 한다. 어머니가 숨을 거두기 전전날 밤이었다. 아내와 교대로 병상을 지키고 한 사람은 집에 오가며 쉬기도 하고 필요한 물건들을 날랐다. 집에 들렀을 때였다. 다용도실 과일 상자에 홍시 몇 개가 있었다. 홍시는 어머니가 가장 좋아하는 과일이었다. 사과도 숟가락으로 긁어서 드시던 부실한 치아에 홍시는 딱 좋은 간식이었다. 가을이면 아내는 집에 홍시가 떨어지지 않도록 살폈다.

'혼수상태에서 드실 수 있을까? 병원 허락을 받아야 하나?'

홍시만 보면 어린애처럼 활짝 웃던 병상의 어머니를 생각하며 만지작거렸다. 의식도 없이 링거에 의지한 상태인데 아무래도 안 될 일이었다. 손에 쥐고 몇 번을 망설이다가 그만 내려놓았다. 다음날, 당신의 손자가 먼 아프리카에서 돌아온 밤에 큰 숨 몰아쉬고 나자 곧 병상 머리 탁자에 놓였던 모니터의 물결선이 가파르게 잦아들기 시작했다. 물결 간격이 점점 벌어지더니 이윽고 수평선이 되었다. '할머니!' 다급히 병실로 들어온 손자의 목소리를 듣고 나서였다. 과일 가게마다 작은 홍시 피라미드가 세워졌던 2011년 가을이었다. 때를 아는 것은 사람의 능력을 벗어난 일이었다.

 양평에 지은 지 30년이 넘는 헌 집을 헐고 집을 지었다. 어머니 생전에 바라던 마당 있는 집이었다. 봄이면 무수히 등을 켜 드는 자목련, 밑동에 푸른 이끼 낀 감나무와 원뿔꼴의 미끈한 주목 10여 그루는 집과 함께 여러 해 풍상을 겪은 품이 역력했다. 공사 중에 자목련과 주목 몇 그루는 자리를 지켰지만, 다른 나무들은 공사 진척에 따라 두 번을 옮겨 심어야 했다. 오래된 나무는 함부로 대하기가 어렵다. 그 앞에서는 자못 경건한 마음마저 든다. 소중한 생명을 다치지 않도록 조심조심 다루었건만 다 살려내지는 못했다.

 집을 다 짓고 나서 나무들을 지금의 자리로 옮겨 심었다. 감나무는 특별히 좋은 자리를 가려서 심었다. 낯선 흙에 뿌리 내리기가 힘겨웠는지 지난해에는 고작 서너 알의 감을 맺었다가 매실만 해졌을 때 다 빠져버렸다. 올해는 '내가 바로 대봉일세.' 자랑이라도 하듯이 주렁주렁 감을 매달았다. 햇볕 좋은 밭머리에 뿌리를 제대로 내렸나 보다. 감들은 저녁놀과 때깔 겨루기라도 하는 양 나날이 발갛게 익어 갔다.

 잘 익은 홍시를 보면서 고향의 감나무와 만지작거리다가 놓고 만 홍시와 홍시만 보면 웃음 가득했던 어머니 얼굴이 겹쳐서 떠올랐다. 새들은 어찌 아는지 잘 익은 감부터 쪼았다. 새들이 다 쪼기 전에 익은 감은 따려고 사다리를 놓다가 그만두었다. '새들아. 많이 먹고 이 가을의 풍경을 대신 전하려무나.' 발갛게 익어가는 감들을 바라보며 '조홍시가'를 읊조리다가 '품어 가 반길 이 없음'에 철든 그날처럼 서녘 하늘을 바라보았다.

선물 3제

강변에는 햇빛도 햇볕도 풍성하고, 바람도 넉넉하다. 강기슭에 부딪혀 찰싹이는 물결 소리가 있고, 철새들이 날아오르는 힘찬 날갯짓 소리도 있다. 강 건너 툭 터진 하늘 아래로는 겹겹이 주름진 산야에 뭉게구름 그림자가 드리웠다. 날마다 누리는 자연의 선물이다. 선물에 대한 추억이 모두 산뜻한 것은 아니지만, 자연처럼 고마운 선물의 추억도 있다. 주었건 받았건 또는 주고받았건.

꼬마 숙녀의 선물

1학년 학예발표회 날이었다. 차례가 되어 무대에 줄지어 오르는 아이들의 얼굴에는 주체할 수 없는 기쁨과 긴장감이 가득했다. 예전 교단 정도 높이의 낮은 무대지만, 아이들 마음엔 가슴 떨리는 높은 무대였을 것이다. 줄지어 앉아 올려다보는 다른 반 학생들의 시선과 뒤쪽에 병풍처럼 둘러선 학부모들의 고요한 술렁임과 덩달아 고조된 선생님들의 설렘으로 실내 공기가 술렁인다. 부푼 공기의 은은한 열기가 낮은 천장에 매달려 뜨거워지다가 더 오를 곳이 없어서 아래로 쏟아져 내리면 강당은 뿌연 안개가 서리면서 한껏 달아오른다.

 몇 개 반의 공연이 끝나고, 다음 반이 무대에 올랐다. 정렬을 마치고 담임선생님이 지휘봉을 잡고 아이들을 둘러보았다. 그 순간 한 여자아이가 손을 번쩍 들면서

"선생님. 화장실 가고 싶어요."

라며 울상을 지었다. 강당 안은 순간 웃음소리로 가득했다. 선생님은

"다녀오너라."

고 했고 합창이 시작되었다. 꼬마 숙녀의 종종걸음을 합창 소리가 따라갔다. 아이가 돌아왔을 때는 다음 반 학생들이 무대에 오르고 있었다. 여러 날을 연습하고 어제는 마치 소풍 전날처럼 무대에 설 생각에 잠을 설쳤을 꼬마 숙녀의 꿈은 그렇게 사라졌다.

마지막 반의 공연이 끝나고 교장의 총평 시간이 되었다. 총평이라지만 학생과 선생님들의 노고에 대한 칭찬과 격려의 시간이었다. 좌중을 찬찬히 둘러보았다. 모두가 집중했을 때 입을 열었다.

"오늘 꼬마 숙녀 한 분이 추억 거리를 놓쳤습니다. 물론 화장실에서 들은 친구들의 합창도 좋은 추억이겠지만, 친구들과 함께 노래한 추억이 더 갖고 싶지 않을까요?"

다음 말을 잇기도 전에 여기저기서 박수 소리가 들렸다.

"그 반의 합창을 다시 한번 들어 봅시다." 어느 반의 특혜라고 대꾸하는 사람은 아무도 없었다. 그날 그 자리의 모든 사람은 가슴에 솜사탕처럼 가볍고 달콤한 선물 하나씩 안고 가지 않았을까?

촌지의 추억

요즘은 초등학교 졸업식에서 우는 학생을 보기 드물다. 모두가 중학교에 진학하니 학업 중단이 서러운 아이도 없고, 동네별로 같은 중학교로 배정되니 헤어짐의 아쉬움도 적다. 졸업식은 처음부터 끝까지 즐겁다. 선생님들은 식이 끝나면 이리저리 불려 다니면서 기념사진의 모델이 되어 준다. 한바탕 촬영이 끝나면 가족들끼리 중국음식점으로 혹은 고깃집으로 흩어져 간다. 교실에 혼자 남은 6학년 담임의 마음은 이때, 말 그대로 시원하고 섭섭하다. 창 너머 텅 빈 운동장을 바라보고 있을 때 승이가 교실 문을 열고 들어섰다. "응, 승이야 왜 안 가고…?"

 문 앞에서 고무신을 벗어든 할머니가 뒤따라 들어섰다. 승이는 할머니와 둘이 살고 있었다. 승이 사정을 알고 학교생활에 잘 적응하도록 표시 안 나게 도와주었다. 승이는 학습에 어려움은 있었지만, 성격이 밝아서 교우 관계는 좋았다.

"선생님. 고맙습니다. 우리 승이가 선생님 많이 좋아했어요."

 하면서 한쪽 손에 꼭 쥐고 있던 무언가를 내밀었다.

 무엇인지 눈치를 챘지만, 거절할 수가 없었다.

"할머니 고맙습니다."

 내민 손을 한 번 감싸 쥐며 인사했다. 할머니 손의 온기가 묻은 구겨진 지폐 한 장이었다. 담배 한 상자를 살 돈이었다. 그 돈을 촌지(寸志)라고 거절했다면 지금까지도 가슴 아팠을 것 같다. 어쩌면 할머니나 승이도 그랬을 것만 같다.

환갑 선물

교사로서 첫발을 내디딘 학교는 6학급에 전교생이 300명에 불과한 서울에서 가장 작은 학교였다. 야트막한 산기슭에 들어앉은 학교는 남향의 2층 교사와 낡은 강당 하나가 전부였다. 조그만 운동장은 학생들뿐만 아니라 동네 코흘리개 꼬마들의 놀이터였고 마을 노인들의 쉼터였다. 체육 시간이면 어디서 누런 개 한 마리가 나타나서 아이들과 같이 뜀박질 하는 그런 학교였다. 부임한 이듬해에 6학년 담임을 했다. 한 반뿐이니 당연히 6학년 1반이었다. 페스탈로치의 생일과 내 생일이 같은 날이다. 그 작은 인연에 기대어 소명 의식을 다지기도 하고, 아이들에게 알려서 외적 동인으로 삼기도 했다. 마치 금연한다고 소문내서 금연 의지를 다잡듯.

교실에서, 운동장에서, 산과 들에서 아이들과 친구처럼 지낸 나날이었다. 서울 변두리 작은 학교에서의 인연이 평생의 연이 될 줄은 그때는 몰랐다. 아이들이 졸업한 해에 다른 학교로 전근했다. 머지않아 마을은 개발되어 옛 모습은 사라졌다. 제자들도 흩어졌다. 몇몇은 마을에 남고 더러는 떠났다. 그래도 제자들은 정기적으로 만나면서 어린 시절의 우정을 이어갔다. 세월이 흘러 그 제자들의 청(請)으로 첫 주례를 섰다.

'세 명의 제자가 그중 한 친구의 주례를 부탁하려고 몇 차례 우리 집을 찾아왔다.'

사십 중반의 나이에 결혼식 주례가 어울리지 않는 것 같아서 망설이다가 삼고초려를 생각나게 하는 간청을 끝내 거절할 수가 없었다. 허락하자마자 또 한 제자가 기다렸다는 듯이 "선생님. 저는 한 달 뒤입니다."

하는 것이 아닌가? 별수 없이 두 번째 주례까지 한 자리에서 맡고 말았다. 나머지 한 제자가 기혼이었기에 망정이지 하마터면 세 건의 주례를 한 자리에서 맡을 뻔했다. 그렇게 인연은 인연으로 이어졌다.

환갑이 얼마 남지 않았을 때 동기회장인 제자한테서 전화가 왔다.

"선생님. 올해가 환갑이시죠? 저희가 모시겠습니다. 사모님 모시고 나오세요."

그렇게 환갑을 맞았다. 언제부터였는지 환갑을 저희가 책임지겠노라는 말을 하곤 했다. 듣기만 해도 기분 좋았던 일이기에 행복한 마음을 숨기고 싶지 않았다. 세상에 대고 자랑하고 싶었다, '그날이 아니라 그들이 최고의 선물'이라고. 한동안 누구에게도 말하지 않았지만.

와이피가 준 선물

와이피

와이피(YP)는 경기도 양평의 영문자 이니셜이자 손자의 태명이다.

정년퇴직한 뒤 양평읍 변두리에 남향집을 짓고 삶의 터전을 잡았다. 야트막한 언덕길을 가운데 두고 십여 호의 집들이 마주 보는 작은 마을의 끝이자 맨 윗집이다. 남쪽으로 전망이 트여 시원하다. 울안에 작은 텃밭도 마련했고 집 뒤로는 밤나무, 찔레, 아카시아와 잡목 우거진 야산이 남아 아쉬운 대로 전원주택의 맛도 난다.

아들 내외가 부모들이 거처하는 양평을 생각하여 태명을 와이피로 한 모양이다. 아니면 양평서 잉태했는지도 모르겠으나 물을 일은 아니다. 뭔가 부모와 연결 짓는 생각을 한 것만으로도 고마웠다. 내색은 하지 않아도 아내도 그런 눈치다. 서울을 떠난 이유 중의 하나가 손자가 생기면 층간 소음 걱정 없이 자연 속에서 유년기를 지낼 수 있게 해주려는 마음도 있었으니 잘 지은 이름 아닌가!

금연

 재작년 8월. 주민을 대상으로 혈관 나이 검사를 해준다고 해서 아내와 함께 보건소를 찾았다. 현관에 들어서니 금연 클리닉 배너 안내판이 보였다. 안내판을 보자 얼마 전 며느리가

 "아버님. 저 아기 가지면 담배 끊으실 거죠?"

라며 묻기에 얼른 '그러마'고 약속했던 일이 떠올랐다. 진작부터 금연해야겠다는 생각이 간절했기에 쉽게 약속했었다. 아내는 혈관 검사하러 가고 나는 금연 클리닉으로 올라갔다. 상담 뒤 금연 패치 몇 장과 금연용 도구 몇 가지를 받았다.

 금연 패치는 니코틴을 약하게 보충해서 금단 현상을 줄여준단다. 어차피 며느리와 약속한 금연, 아직 소식은 없지만 꼭 그때까지 기다려서 끊는 게 어른스럽지 못하다는 생

각이 들었다. 끊기로 한 바에야 의지만으로 끊기로 하였다. 그날로 50년 지기 담배와 미련 없이 갈라섰다. 일주일 분 금연 패치는 다음 주에 반납하였다. 그로부터 달포쯤 지난 추석 무렵에 아기가 들어섰고 태명을 와이피로 정했다는 이야기를 들었다. 결혼한 지 4년, 아이 가지려 노력한 지 2년 만의 축복이었다. 금연이 빨랐으면 손자도 빨리 생겼을까? 양가 온 식구의 행복한 기다림이 시작되었다.

또 하나의 준비

같이 살날이 길수록 좋겠지만 뜻대로 될 일은 아니지 않은가. 그래 글로 남기자. 할아비 삶의 흔적이 먼 훗날 혹 와이피의 물음에 답이 될 수 있다면 얼마나 가슴 떨리는 일인가. 글쓰기를 위한 준비로 텅 빈 머리와 메마른 가슴부터 채우고 적셔야 했다. 인문학 강의를 들으며 잃었던 순수함부터 찾기로 했다. 지난해 1월부터 사람과 세상을 사랑하는 따뜻한 마음으로 글을 쓰는 이들과 인연을 맺었다. 그들과 교유하며 부족함을 찾아 메운다. 따뜻하고 넉넉한 시선을 길러서 세상을 바라본다. 도반이 있어서 힘이 되는 길에 들어섰다.

배냇저고리

 며느리의 배가 표시 나게 차오르면서 아내가 배냇저고리를 짓기 시작했다. 옷 짓기를 좋아하거니와 손이 재고 꼼꼼하여 제법 볼품 있는 옷이 나왔다. 손자에 대한 기대와 사랑을 더하여 한 땀 한 땀 지었으니 당연한 일이다. 마누라 자랑은 팔불출이라지만 빚고 짓는 일은 별나게 잘하여 드러내지 않아도 주변 사람들은 잘 알고 있다.

 유월 초순, 아들 생일에 다 지은 배냇저고리와 집에서 빚은 백수환동주(白首換童酒)를 쇼핑백 안에 함께 넣어서 가져가다가 병뚜껑이 덜 잠긴 바람에 술이 새서 배냇저고리 앞섶에 점점이 노란 술 빛 물이 들어버렸다. 세탁한다고 원상 복구가 될는지 알 수가 없어서 부득이 한 벌 더 지어야 했다. 나중에 먼저 것이 표시 나지 않게 세탁이 잘됐다. 와이피는 태어나기도 전에 할머니가 손수 지어준 옷이 두 벌이나 되었다.

태교

 입덧으로 고생하면 본인은 물론 곁에서 보는 이들도 안타깝고 힘든 일인데 며느리는 입덧도 안 하고 임신 내내 골고

루 음식을 잘 먹었다. 와이피를 위해서 좋은 일이었다. 태교 음반과 책을 사서 교장 승진 때 제자들이 선사한 CD 재생기와 함께 며느리에게 보냈다. 열심히 듣고 뱃속의 와이피와 마주 보며 얘기하듯 대화하고 태교했으면 하는 바람이었다. 서른을 훌쩍 넘긴, 불과 이삼십 년 전만 해도 노산이랄 나이인데도 든든하고 대견하여 순산을 예감하였다. 음식 솜씨가 뛰어난 안사돈이 딸에게 좋은 음식이 떨어지지 않게 하고, 집사람도 신선한 과일이며 채소를 대느라 바쁜 눈치다. 외아들 외동딸 내외이니 그 어머니들의 애씀이 측은할 정도다.

천상천하유아독존

귀한 이는 조금 늦게 나타난다던가. 만날 날이 지났다. 허기야 와이피가 정한 날짜도 아니니 야속한 것도 없다. 다만 날이 지나면 지날수록 산모가 힘들다고 하니 그게 걱정이었다. 많이 늦지는 않았다. 며느리가 몸은 가냘프지만, 발레로 다진 몸이라 초산치고는 무난히 출산했단다. 예정일에서 나흘 지난 아침. 와이피는 드디어 세상에 나와 우주의 중심에 자리했다. 천상천하유아독존(天上天下唯我獨尊)! 격

대교육(隔代敎育) 책자를 준비하여 공부하기 시작한 다음 날의 일이었다. 저녁 면회 시간에 세상에 존재하는 와이피를 처음 만났다. 제 아비가 세상에 태어난 날의 모습과 똑 닮았다. 그런데도 아들을 처음 만난 날과는 분명히 다른 기분! 다른 감정인데 무어라 표현하기가 어려웠다. 이 귀한 선물을 만난 환희가 조금 가라앉은 뒤에 다시 생각해 볼 일이다.

선물

작명법을 배운 아내가 진작부터 이름 짓기에 여념이 없었다. 항렬자는 따지지 않기로 했다. 사주, 관상, 풍수, 명운 등을 별로 신뢰하지 않는 나는 몇 걸음 비켜서서 지켜보기로 하였다. 다만 부르기 쉽고 맑은 느낌의 이름이면 좋겠다. 며칠 후 배냇저고리를 입고 잠든 와이피의 사진을 휴대전화로 보내왔다. 잠든 와이피를 들여다보고 있을 며느리와 아들의 미소와 사랑 담뿍 담은 눈길이 보이지 않아도 보인다. 와이피는 가족들에게 '행복'이라는 선물을 먼저 보내고 스스로 선물이 되어 가족이 되었다.

파리의 추억

들어왔던 문의 유리에 겨우 붙었습니다. 더 달아날 곳은 없습니다. 피하지 못하면 한 차례의 가격으로도 목숨을 앗아가는 위험이 서서히 다가오고 있습니다. 유리에서 전해 오는 냉기보다 더 차가운 전율이 등줄기를 타고 흐릅니다. 바람을 가르며 등으로 그것이 떨어지기 전에 빠르게 피하는 것이 유일한 살길입니다. 창 너머로 흰 구름 가득한 하늘이 끝 간 데 모르게 너릅니다. 저 하늘을 다시 날 수 있을지 모르겠습니다. 채가 다가옵니다. 북 치는 방망이는 북채, 골프공 치는 막대기는 골프채, 장구 치는 작대기는 장구채, 파리 때려잡는 채는 파리채입니다. 파리채는 그 그림자가 먼저 덮쳐 올 때가 더 무섭습니다.

천지신명께

'하루만 더 파리 목숨을 허락해 주십사'

 정성을 다해 앞발 모아서 기도했습니다. 기적이 일어난 것은 그때였습니다. 바람을 가르는 파리채 소리 대신 옆구리에 파리채가 닿았습니다. 얼마나 놀랐는지 모릅니다. 문이 열리기 시작했습니다. 파리채에 막혀서 발만 동동 구르며 문가로, 문가로 밀려났습니다. 어디까지 밀릴지 알 수 없어서 용기를 냈습니다. 살짝 날아 파리채에서 떨어지니 밖으로 나갈 수 있는 마지막 관문인 방충망에 붙게 되었습니다. 방충망 구멍으로 들어오는 바람이 시원했습니다. 기도가 통할 것 같은 예감이 들었습니다. 다시 파리채가 옆구리에 부드럽게 다가서더니 방충 문이 열리기 시작했습니다. 때를 놓치지 않고 맹렬한 날갯짓으로 밀려드는 바람을 가르며 문틈 사이를 빠져나갔습니다.

 가쁜 숨을 가라앉히며 한낮의 온기 머금은 담에 붙어서 바라보는 가을 풍경이 아름다웠습니다. '남에게 손쉽게 죽임을 당할 만큼 보잘것없는 목숨'을 오죽하면 파리 목숨이라 하겠습니까? 조금 전 일은 뜻밖이었습니다. 파리채를 쥔 영감의 눈에서 평소의 살기를 느낄 수 없었습니다. 우리네 동족에게 빚진 일이 있을 리도 만무합니다. 이유는 모르겠지만 결과가 좋으니 좋은 일이고 어쩐지 파리 목숨이 대접받은 기분까지 들었습니다.

 기적이 또 일어났습니다. 기적도 하품이나 기침처럼 전염성이 있나 봅니다. 영감 못지않게 손이 매운 마나님의 태도가 달라진 것입니다. 우체통에 어느 절에서 부친 편지 겉봉이 가끔 보이더니 불자가 되었는지도 모를 일입니다. 야외 식탁에 음식이 차려진 날이었습니다. 손님이 많았습니다. 텃밭에서 갓 따 온 싱싱한 상추, 때깔 고운 집 간장, 구수한 냄새 풍기는 쌈장이며 입맛 돋우는 음식들이 풍성했습니다. 쌈장 종지에 내려앉아 눈치를 살폈습니다. 마나님의 시선과 마주쳤습니다. 언제라도 냅다 튈 준비를 했습니다.
"어라. 웬일이죠?"
 암팡지게 손을 오그린 포획 자세가 아니었습니다. 마치 봄바람이라도 희롱하듯이 살랑살랑 손을 저어 쫓는 시늉만 하네요. 믿을 수 없지만, 아직 마음을 놓을 때는 아닙니다. 저렇게 무심한 듯 다가와서는 날쌔게 손으로 잡아채서 바닥에 내동댕이치는 걸 본 게 한두 번이 아니었으니까요. 그런 일을 당하고 다시 날아다니는 친구를 본 적이 없습니다. 물방울 송송 맺힌 상추 이파리로 자리를 옮겨 어찌할지 떠

보았습니다. 또 한 번 목숨을 걸고요. "어머. 웬일?" 이란 말이 절로 나왔습니다. 이번에도 손바람만 살랑살랑 일으키고 말았으니까요.

 확실히 알았습니다, 이 집에서는 새 부리에 쪼이거나 거미줄에 걸리지만 않는다면 목숨을 보장받았음을.

"며느리가 ○○ 가졌다는 얘기를 듣고부터는 모기 한 마리 죽이는 것도 조심스러워지데." 영감 이야기를 들은 손님들의 표정이 환해지며 좌중에 생기가 돌았습니다. 손바람에 쫓겨 자리를 옮기느라 미처 못 들은 한마디가 궁금했습니다만 물을 처지가 아니었습니다. 우리 목숨 못지않게 목숨이 가벼운 모기에 대한 말로 미루어 보니 요즘 영감과 마나님 행동이 이해되었습니다. 생전 처음 평안한 가을·겨울을 보내고 희망찬 새봄을 맞았습니다. 짧지만 평화로운 봄이 지나갔습니다.

 무더운 여름날 잔디밭에 간이 풀(pool)이 놓이고 아침부터 물을 채우고 있었습니다. 영감은 힘든 줄도 모르는지 여러 차례 집안에서 더운물을 들통에 받아다 풀에 부어서 찬물과 섞었습니다. 해가 중천일 때 눈부신 아이 하나가 풀장에서 물놀이했습니다.

"어머니 모기가 많은가 봐요?"

아이의 뽀얀 팔뚝에 빨갛게 부르튼 자국을 쓰다듬으며 아이의 엄마가 물었습니다.

"모기뿐이랴? 시골이라 파리도 많지."

마나님이 답했습니다. 대화를 나눈 짧은 시간이 평화의 마지막이었습니다. 우리의 운명은 다시 '파리 목숨'이 되었습니다. 그때야 비로소 지난 일 년여 팍스 로마나(Pax Romana) 닮은 평화도 아이 때문이라는 것을 깨달았습니다. 손님 많던 날 깜박 놓친 한 마디 '○○'의 정체도 알았습니다. 이제 평화는 끝났지만, 아이 때문에 평화스러웠던 지난 일 년이 어딥니까? 고마움에 아이의 눈부심을 인정하렵니다.

파리채가 나타났습니다. '탁. 탁' 소리가 여기저기서 들리기 시작했습니다. 우리는 변한 것도 달라진 것도 없는데 말입니다. 무릇 생명 가벼운 것들은 기적도 고난도 주어지는 대로 받아야만 하는 건가요? 하지만 사람 아니 파리의 앞일을 누가 압니까? 며느리가 또 아기를 가져서 평화의 시절이 다시 올지.

추석 전야

 해지기 전에 저녁놀을 보려고 서둘러 나섰다. 하늘에는 흰 구름이 가득하고 찻길에는 자동차가 넘친다. 내일은 추석이다. 저녁놀이 동쪽 하늘 구름까지 발갛게 물들였다. 며칠째 하늘이 깨끗하고 노을빛도 선명하다. 놀에 물든 구름과 투명한 하늘을 바라보자니 마음이 차분해진다. 강변길에 들어섰을 때, 해는 서산 허리에 반쯤 걸려 있었다. 강물위로 쏟아진 석양의 반사가 눈부셔 손 갓을 하고 바라본다. 잘 익은 꽈릿빛 놀이 물결에 조각조각 부서지며 강은 온통 겹겹의 붉은 리본이 바람에 날리듯이 반짝였다. 지난여름의 석양은 풍구질에 뜨거워진 숯불 같았는데 어느새 열기가 빠졌다. 구름 한 점 없는 가을 하늘도 좋지만, 하늘에는 구름이 있어야 제격이다. 구름마다 색색으로 놀 빛 변주를 뽐내는 빛의 향연 시간이다.

 제비를 닮은 구름 몇 조각이 서쪽 하늘을 향하고 있다. 제비의 우아한 비행을 본 게 언제였던가? 동생들과 제비 새끼들처럼 툇마루에 나란히 앉아서 빨랫줄에 줄지어 앉은 제비 가족을 바라본다. 제비가 오간다는 강남이 어딘지, 봄에 다시 올는지, 흥부네 제비 이야기를 멋대로 재잘대며 날개도 없이 상상의 하늘을 날던 그날도 추석을 앞둔 가을이었다. 제비 형제와 우리 형제가 마주 보고 앉았던 오후 'ㅁ'자 지붕 가운데로 쏟아지는 햇살이 눈 부셨다.

 어머니가 떠나신 때도 가을이었다. 이듬해부터 어머니 제사에 아버지 제사를 함께 모셨다. 한겨울인 아버지 제사는 40년 넘어 지냈다. 법도에 어긋나는지 모르겠으나 어머니 제사는 갓 시작이고 기왕 합치려면 날씨 좋은 가을이 낫겠다는 생각이었다. 제도와 문화도 시대에 따라 바꾸는 것이 옳다는 생각으로 맏이인 내가 먼저 말을 꺼냈다. 때마다 오가기가 불편했을 아우들이 따라주었다. 이참에 추석 차례 건도 정리했다.

 추석이 해에 따라 차이는 있지만, 양력으로 지내는 어머니 제삿날과 한 달 이상 어긋나지 않았다. 멀리 떨어져 사는 동생들이 추석 차례 지내려 양평으로, 기제사 지내려 보은으로 한 달 새에 두 차례 나서는 일이 쉽지 않을 터였다. 동생들 내외도 자식 여의고 막냇동생도 육십이 넘었으니, 설에만 모이고 추석은 각자 쇠도록 했다. 그 뒤로 추석이면 아들과 손자 주영이 하고 셋이 차례를 지낸다. 손자는 제 아비 따라 절한답시고 궁둥이만 불쑥 들어 올리면서 깔깔댄다. 아들이 어렸을 때, 명절이면 어머니 뵈러 온 동생들 내외와 조카들로 집안이 그득했다.

 해는 넘어갔는데도 아직 하늘은 파랗고 놀에 물든 구름 색도 그대로인데 구름 사이로 보름달이 투명한 낯을 내밀었다. 가로등이 낮달을 마중하듯 불을 켜 든다. 놀과 달과 구름이 하늘 마당에서 한자리에 모였다. 저들도 추석인 줄 아나 보다. 놀을 등지고 골목길로 들어선다. 그림자 허리가 길과 담에 걸쳐 꺾인 채 나를 따른다. 명절 전날이면 못 보던 차량이 꽤 드나들던 골목에 낯선 차는 한 대도 보이지 않았다. 두어 달 전에 세상 뜬 아랫집 영감 대문 앞에도 그 아래 혼자 사는 고 씨네 대문 앞에도 차 한 대 없기는 마찬가지다. 그림자를 데리고 대문 안으로 들어섰다. 골목에는 곧 어둠에 묻힐 이집 저집의 지붕 그림자들만 남았다.

아내와 저녁상에 마주 앉았다. 세상은 사라지고 촛불의 둥그러미 안에 둘만 남은 기분이다. 말을 꺼내거나, 숨이라도 크게 쉬었다 가는 금세 둥그러미가 터질 것만 같았다. 반주 한잔을 단숨에 털어 넣고 갓 부친 호박전을 우물거리며 마당으로 나갔다. 달은 어느새 중천이다. 귀뚜라미 울음에 가슴이 서늘하다. 귀밑을 스치는 바람이 스산하다. 구름 많은 밤하늘에 달빛이 흐려서 외등을 켰다. 황색 불빛에 조등(弔燈)이 겹친다. 어렸을 적에 동네 할아버지가 여러 날 보이지 않더니 며칠 뒤 해가 지면 누런 불빛을 지면으로 쏟아내는 등 하나가 문 앞에 달렸다. 밤이 되자 마당에 친 차일 끝에 매달린 알전구가 흔들거리고 웅성거리는 사람들의 그림자가 마당이며 장독대에 물결처럼 넘실댔다. 동네 꼬마들과 어울려 야릇한 호기심으로 밤이면 그 집 근처를 서성였다.

 달빛 비껴 철새라도 울며 난다면 눈물이 나올 것만 같았다. 준비 안 된 동요(動搖)에 놀라서 외등을 껐다. 주방에서 달그락거리는 소리가 들린다. 음식 준비가 덜 끝났나 보다. 음식을 만드는 아내의 등에 얼핏 그늘이 스친다. 둘이 들어앉았던 둥그러미는 빈 채로 어둠에 둘러싸였다. 3층으로 올라간다. 조금 전의 환상과 감상(感傷)을 털어내듯 방을 쓸고 닦는다. 손자 주영이가 좋아하는 3층이다. 계단을 걸어서 오르다가 힘에 부치면 기어서라도 끝까지 오른다. 세상에 참고 견뎌야 할 일이 계단보다 많음을 짐작이라도 한 걸까? 내일 주영이가 '할아버지, 할머니' 부르며 들어설 모습을 떠올리는 것만으로도 웃고 싶어진다. 두 돌배기 아기가 발음하기 어려운 '할아버지' 소리를 정확하게 발음한다. 별걸 다 기특하게 여기니 영락없는 손자바라기가 되었다.

주영이가 지금의 저만한 제 아이를 지켜볼 때쯤에도 추석이 남아 있을까? 여성의 명절 노동과 이로 인한 이혼의 증가, 취업과 결혼에 대한 추궁 같은 관심으로 명절을 없애자는 말이 돈단다. 문제가 해결되면 설이 살까? 명절을 모두 없애면 문제가 해결될까? 내일이면 고작 두세 끼 식사하고 서둘러 떠나더라도 오늘 저녁일랑 오랜만에 편 큰 상 둘레에 집마다 웃음이 꽃피면 좋겠다. 아쉬움도 내색하지 못하고 짧은 상봉의 기억을 되새기며 다음 명절을 기다리는 이들이 오늘은 행복하기를 바란다. 흥 없는 축제에 하늘만 바라보는 추석 전야.

설거지

 아내는 아침을 먹는 둥 마는 둥 하고는 빈 그릇을 개수대에 던져놓고 늦었다며 부리나케 나갔다. 인근 도시의 문화센터 강의가 있는 날이다. 아내가 나간 뒤 느긋하게 식사를 마쳤다. 뚜껑 닫을 건 닫고, 랩으로 쌀 건 싸서 반찬통을 냉장고에 넣었다. 커피 먼저 마실까 하다가 식탁을 치우기로 했다. 아내가 던져놓고 간 설거짓거리에 내 것을 더 하고 아내의 일 하나는 던다는 마음으로 그릇마다 물을 부어 두었다. 커피를 마시고 빈 잔을 들고 개수대로 갔다. 수북한 설거짓거리에 잔 하나 더하고 돌아서려는데 작은 소리가 들렸다.

 비스듬히 포갠 그릇 하나가 뒤늦게 물 미끄럼을 타며 낸 소리였나 보다. 무시해도 좋을 소리에 마음 쓰지 말아야 했다. 보이는 설거짓거리를 지나치지 못하고 어설픈 설거지를 하고 말았다. 돌아온 아내가 싱크대 선반에 엎어놓은 그릇들을 보고는
"웬일이야?"
라며 묻는다. 얼굴에 첫걸음마 뗀 아기 바라보는 엄마 같은 미소를 감추지 않는다. 온몸이 근지러웠다. 칭찬에 황공한 자세와 표정이 들킬까 봐 웃음기 거두고 어깨에 힘을 주었다. 설거지를 시작하지 말아야 했다고 깨달았을 때는 늦었다. 벌써 가슴 속에 한 마리 고래가 춤추고 있었다.

 설거지를 못 한 날이면 돌아온 아내는 말을 하지는 않았지만, 서운한 기색을 숨기지도 않았다. 아내가 늦은 설거지를 할 때는 그릇 부딪는 소리도 크게 들리는 듯했다. 군(郡)에서 남자 노인들을 상대로 운영한 요리 교실에서 조리부터 설거지까지 해보지 않았던가? 설거지하는 날이 늘어갔다. 아내가 일찍 나가는 날에는 으레 내 일이려니 할 만큼 되었다. 그래봤자 아침·점심 설거지이지만. 요즘 들어서는 설거지가 재미있다는 생각까지 들기도 한다.

 팔뚝까지 옷소매를 걷어붙인다. 그릇에 남은 찌꺼기를 거름망에 쏟는다. 기름이나 양념이 덜 묻은 수저와 수저 받

침대, 밥공기를 먼저 닦는다. 이어서 찌개 국물 묻거나 기름 묻은 그릇은 행주에 세제를 묻혀서 뽀득뽀득 소리가 나도록 닦는다. 맑은 물로 가시고 헹군다. 컵까지 닦아서 건조대에 엎어놓고 개수대를 훔치고 마른행주로 물기를 거둔다. 행주를 헹구어 꼭 짜서 수도꼭지에 건다. 휘파람이 나온다. 손주 낯 씻기고 맑은 얼굴 볼 때의 마음이다. 창으로 흘러든 햇살에 그릇마다 빛나는 점 하나씩 앉았다.

 설거지할 때면 가끔 삶에 대해 생각하게 된다. 나는 밥공기나 국그릇을 깨끗하게 비우는 편이다. 어릴 적부터 그릇을 깨끗이 비워야 부자 된다는 외할머니의 밥상머리 교육이 평생의 습관이 되었기 때문이다. 그래도 설거지할 때 공기에 붙은 뭉개진 밥알이나 자잘한 국건더기가 그릇에 남은 것을 보게 된다. 선택받지 못하여 한순간에 '찌꺼기'라 불리는, 음식이었던 존재들이다. 이 찌꺼기에서 삶에 대한 생각이 싹텄다. 씻겨나간 찌꺼기는 수중 생물의 먹이가 되거나 깊은 물 밑의 펄에 잠겨 긴 잠을 자며 섭취한 음식과는 다른 순환으로 자연으로 돌아갈 것이다. 설거지는 그릇은 그릇대로 찌꺼기는 찌꺼기대로 본래의 모습으로 돌리는 일은 아닐까? 하는 데까지 생각이 나아간다. 지금 선반에서 몸을 말리는 빛나는 식기들도 언젠가는 쓰임새를 다하고 본래의 어떤 모습으로 돌아가지 않겠는가? 개수대 앞에 손 적시고 선, 나도 마찬가지라 생각하면 커다란 순환의 고리가 연상되어 작아지고 겸손해진다.

 그 생각은 하고 또 해도 지루하지 않다. 어디서 와서 어디로 가는지, 그리고 우리네 인생이 음식과 음식 찌꺼기와 크게 다를 것도 없다는 생각이 딱하기보다는 재미있다. 재미있는 상상이 설거지하는 즐거움이 된 것 같다. 음식이 되기 위해 다져지고, 잘리고, 볶이고, 지져지고, 끓여지고 나면 배추 줄거리나 철갑상어알이나, 와인이나 막걸리나 개수대 아니면 화장실에서 한 가지로 처리된다. 물론 우리 몸 안에서 변하는 것들도 마찬가지가 아니던가. 처음에는 칭찬이 좋았지만, 지금은 춤추는 고래가 되고 싶어서 설거지하지 않는다. 끝이 곧 새로운 시작이라는 약간의 철학적 이유도 아니다. 밥알, 고춧가루, 기름 뜬 물에 몸을 담근 채 헝클어진 그릇의 모습을 보고 싶지 않아서도 아니다. 꼭 이유가 없으면 어쩌랴. 설거지하는 시간이 즐겁고 마음도 편안해지고 삶의 작은 지혜까지 얻는다면 좋은 일 아닌가.

 앞마당에는 덜 깬 졸음처럼 석양이 머뭇거리고 아내는 저녁을 준비한다. 건조대에서 몸 말리며 쉬던 그릇들이 형광등 불빛에 기지개를 켠다. 식기는 우리 삶을 위해 차려질 것들의 온기와 향기와 이야기까지 담으려 안팎을 가시고 부시고 비웠다. 그릇들은 조용히 엎디어 기다린다. 설거지는 마음마저 비우는 일이자 시간이다. 가끔 아들네서 식사하고 나면 개수대에 바짝 다가선 아들의 넓은 등짝을 보고는 '못난 놈!' 소리를 삼켰는데 이제부터는 그러지 않을 것 같다. 아들·며느리·손주들 앞에서 팔뚝 한 번 걷어붙여 볼까나?

머위와 청설모

'아들이 오랫동안 모시던 치매 걸린 노부모를 살해하고 스스로 목숨을 끊었다. 아들은 심한 우울증을 앓고 있었다.'
 2014년 1월 7일 한 신문에 난 기사다. 유명한 아이돌그룹의 멤버 중 하나인 이○의 아버지가 벌인 일이었다. 무서운 일이었다. 기사를 접한 치매 환자 가족들의 생각은 복잡하지 않았을까? 기사를 보며 우리 가정의 혼란스럽던 시간이 떠올랐다.
 어머니의 치매는 건망증에서 시작되었다. 돈이 없어졌다며 서랍과 옷 주머니를 뒤지기 시작하면 며칠씩 계속되었다. 집으로 오는 길을 잃고 서성이는 어머니를 집으로 모셨다는 경비원의 얘기를 들은 적도 있었다. 어느 날 퇴근하여 열림 번호를 누르고 들어가려는데 문이 한 뼘 정도만 열리다 말았다. 보조 자물쇠가 채워진 모양이었다. 벨을 누르자 어머니가 안에서 현관으로 다가서는 소리가 들렸다. '왜 문이 안 열리냐?'

'안에서 자물쇠를 열어야지요.'

'열어? 뭐를?'

'이게 어떻게 된 거냐?'

'그 손잡이 같은 거를 앞으로 당겨요.' '응, 이건가? 아닌가? 모르겠다.'

 자물쇠 여는 방법을 조금 열린 문틈으로 되풀이하여 설명하자니 점점 짜증이 나고 목소리가 커졌다. 어머니는 어머니대로

'왜 소리 질러!'

 하면서 역정을 냈다. 이럴 때는 평소의 화끈한 어머니 모습이었다. 소리 지르다 달래다 어찌어찌하여 문이 열리기까지 30분 넘어 걸렸다. 하루에도 몇 번씩 잠그고 열던 일상적인 일이었는데 그리도 깡그리 잊을 수 있는지 알 수 없었다. 어머니는 속상함과 민망함으로 얼굴이 벌겋게 상기되었다. 그렁그렁 맺힌 눈물이 곧 흘러내릴 것만 같았다. 말없이 어머니의 등만 토닥였다.

치매를 의심하지 않을 수 없었다. 어렵사리 장기 노인 요양보험 3등급 판정을 받고 '주간 돌봄 센터'에 등록하였다. 센터의 도움을 받으면서 가족들의 근심을 조금 덜 수 있었다. 점심을 거르거나 가스 불을 켤 일이 없어진 것만으로도 한시름 덜었다. 아내와 나 둘 중 하나는 퇴근하면 바로 집으로 돌아와서 센터 직원의 보호 아래 귀가하는 어머니를 맞아야 했다. 저녁 식사 약속은 할 수도 없었다. 화장실 다녀올 때마다 뒤처리를 잘했는지 확인해야 했다. 계절에 맞는 옷을 입기도 어려워서 일일이 챙겨야 했다.

그러나 목욕시킬 때 비하면 그런 일들은 소소한 일들이었다. 목욕시킬 때면 자식들 앞에서 맨몸을 보이지 않으려 온 힘을 다해 버티니 탈의부터 힘이 빠지기 일쑤였다. 그럴 땐 어디서 그런 힘이 나는지…. 최소한의 체면 차림이 다행이다 싶으면서도 너무 힘들었다. 언제나 소동이었다. 잠들고 깨고의 경계가 없어지고 '우리 엄마 어디 갔냐?' 하며 찾는 일이 잦아졌다. 4년여에 걸쳐서 온전함과 치매의 경계선을 넘나들다가 서서히 치매의 영역에 머무는 시간이 길어졌다. 그러다가 먼저 떠난 아버지 곁에 누워서 깸 없는 잠에 들었다.

치매는 유전은 아니라고 하지만 유전적인 영향을 배제할 수는 없다고 한다. 고령이랄 수 있는 나이가 되었고 외모나 성격·체질까지 어머니를 많이 닮아서 치매 위험이 높지 않을까 걱정스럽다.

 2011년 11월 중순경 현직에 있을 때의 일이었다. 어느 날 오후에 이제껏 경험한 적이 없는 야릇한 상황에 빠진 적이 있었다. 내 방에서 어느 선생님과 마주 앉아 업무 협의 중이었다. 그때 내 목소리가 마치 저만큼 떨어진 곳에서 말하는 다른 사람의 목소리처럼 들리는 것이었다. 대화하면서도 몽롱하고 붕 뜬 느낌이었다. 조심스럽게 문을 닫고 나가는 그의 뒷모습을 보면서 얼핏 잠이 든 것도 같았다. 정신을 차려야겠다는 생각에 머리를 흔들어 보았다. 이마를 짚어보니 손끝에 땀과 함께 미열이 느껴졌다. 어느새 4시 30분이 다 되었다. 직원회의 시간이 가까웠다. 회의 내내 께름칙한 마음을 떨칠 수가 없었다. 회의가 끝나고 내 방에 들렀던 선생님에게 무슨 대화를 나누었는지 평소와 다른 점은 없었는지 물었다. 전혀 이상하지 않았단다. 방을 나간 게 몇 시쯤인가 물었다. 3시 4, 50분경이었단다. 그때부터 4시 30분까지의 시간에 무엇을 했는지 알 수 없었다.

2년 전쯤부터 말하려는 사물의 이름이 떠오르지 않아서 당황하는 일이 잦아졌다. 재작년 봄 집에 놀러 온 손님이 머위꽃을 가리키며 무슨 꽃이냐고 물었다. 이름을 말하려는데 갑자기 '머위'라는 낱말이 떠오르지 않았다. 결국 아내에게 물어야 했다. '머위'가 왜 그렇게 생각이 나질 않았지?'라는 자탄에 너도나도 그럴 때가 있다며 가볍게 웃었다. 그때부터였다. '머위'를 말해야 할 때마다 같은 상황이 벌어졌다. '청설모'도 그랬다. 이유도 없이 유독 두 낱말만 그랬다. 머리에서는 뱅뱅 도는데 입 밖으로 소리가 나오지 않았다. 건망증의 시작이 아닌지 걱정되었다. '머위·청설모'를 기억하기 위해서 '머위는 잘도 번지는구먼.' 혼잣말로 자꾸 입에 올렸다. '청설모'는 '푸를 청' 그래 '푸른'을 기억해 두면 '청'이 떠오를 테고 '설모'는 따라서 생각날 거라고 하면서 기억하려고 애를 썼다. 치매의 예방이라도 되는 양, 치매는 가족들의 끝을 알 수 없는 고통과 엄청난 희생이 따른다. 오죽하면 죽음으로 고통을 끝내려는 안타까운 사연이 잊을만하면 또 뉴스에 등장하겠는가! 현재의 의술과 약으로는 단지 치매의 진행을 더디게 하는 치료뿐이라고 한다. 기억상실을 다룬 영화 〈마음의 행로(Random

Harvest, 머빈 르로이, 1942〉처럼 행복한 결말을 절대로 기대할 수 없어서 더 안타깝다.

 건망증, 치매 두 낱말은 의식에서 떼어내자. 예방에 도움이 된다는 견과류도 챙겨 먹고 생활 습관도 바꿔야겠다. 훗날 어머니가 몰라보더라도 내가 어머니를 몰라보는 일은 없어야겠다. 지금도 '머위와 청설모'를 생각해 내느라 잠깐 눈을 감았다. 머위청설모머위청설모머위…….

2부.
삶을 짓다

삶을 짓다

 강변을 걷는다. 서산마루에 해가 반쯤 걸렸다. 감호(鑑湖)에 석양이 비스듬히 내려앉아서 물속에 붉은 다리 하나 잠겼다. 감호는 양평을 흐르는 남한강의 별칭이다. 남한강은 감호 삼십여 리 아래서 북한강과 만나느라 숨 고르다가 흐름이 느려진다. 흐름 늦춘 강의 수면이 거울처럼 아른거려 호수처럼 보인다고 하여 얻은 이름이 감호다. 맑은 날 감호의 해 질 녘 풍경은 석양과 석양이 풀어놓은 빛의 축제다. 구름은 분홍빛 솜사탕처럼 투명하게 환하다. 강물은 수천의 물고기 비늘처럼 반짝인다. 빛나되 작열하지 않는 석경(夕景)에 저무는 시간의 그림자가 드리운다.
 새움 돈은 나뭇가지 사이로 서산에 걸린 해와 노을에 젖은 구름과 노을에 물든 물결과 흔들리는 오리 몇 마리를 사진에 담는다. 하루를 아퀴 짓는 시간의 색깔과 풍경을 글로써 표현해 보고 싶지만, 문장이 따르지 않아서 우선 사진에 담아둔다. 시인이라면 좀 다를까? 얼마 전 양평의 역사문화연구회에서 인사를 나눈 시인에게 사진 몇 장과 함께 안부 문자를 보냈다. 풍경이 곱다며 '멋진 삶을 짓는 모습이 부럽다'는 답이 바로 왔다. '삶을 짓다'니 역시 표현이 남다르다. '짓다'에는 삶의 주체로서 산다는 뜻도 있지 않은가?

 재료를 들여 밥, 옷, 집 따위를 만드는 것을 짓는다고 한다. '밥, 옷, 집'은 익숙한 말로 바꾸면 '衣·食·住'다. 생활에 기본인 세 가지를 만드는 일이 모두 '짓다'로 같은 것이 재미있다. '기본'이란 말은 '중요하다'라는 의미를 내포한다. 짓는 것을 생각나는 대로 떠올려 본다. 이름을 짓고, 시도 짓고, 글도 짓고, 짝도 짓고, 농사도 짓고, 약도 짓고, 미소도 짓는다. 이렇게 떠 올려보니 즐거워진다. 온갖 좋은 것을 만드는 것은 '짓는 것'이었다. 게다가 '삶을 짓는다.'처럼 변주가 가능하니 얼마나 좋은 말인가. '희망을 짓는다, 우정을 짓는다.'라고 해서 안 될 법도 없겠다.

 부정적 의미의 '짓다'는 없을까? 있다. '말을 지어내다'는 '참(譖)하다, 거짓말하다'는 뜻 아닌가? 또 있다. 지으면 안 되는 것, '죄를 짓다'가 있다. 좋은 뜻만 있는 줄 알았는데 그게 아니라서 마뜩잖다. 그냥 말일 뿐이지만 시와 글, 미소 이런 아름다운 것들이 죄와 한 자리 되는 것 같아서 마음이 불편하다. 강변길이 끝나는 곳에 덕구실 육교가 있다. 육교를 건너서 자전거 도로에 들어섰다. 멀리 맞은편에서 한 무리의 자전거 행렬이 다가오고 있다. 빠른 속도로 이내 곁을 지나쳐 서울 방향으로 내달린다.

 무리. 무리도 짓는 거네. 가까운 사람끼리 또는 같은 일을 좋아하는 사람끼리 무리를 만드는 것도 '짓는 것'이니 이 역시 좋은 말 아닌가? 그러나 무리도 역시 좋은 무리만 있는 게 아니다. TV 드라마 〈모래시계〉가 우리나라의 밤을 조용하게 만든 적이 있었다. 드라마에 등장하는 검은 양복의 깍두기 머리들이 멋져 보였는지 당시 청소년들의 장래 희망 1순위가 조폭이었다는 말도 있었다. 호사스러운 생활과 폭력과 불법을 의리로 포장하여 멋짐으로 비치게 한 탓도 있었을 게다. 폭력배가 무리를 짓는 것 그 자체가 불법이니 무리에도 좋고 나쁨이 있는 것이다.

 아내는 힘든 일이 닥칠 때면 '세상일에는 다 좋은 것도, 다 나쁜 것도 없다'며 빨리 마음을 추스르는 편이다. 그 말처럼 '짓다'의 쓰임도 다 좋은 것도 아니고, 다 나쁜 것도 아니다. 다만 좋은 뜻으로 쓰이는 경우가 훨씬 많으니 그것으로 위안 삼을 일이다. 아니 위안이 아니고 그저 그런 현상일 뿐이다. 말도 생명체처럼 나고 바뀌고 사라지기도 하는 것이니 먼 훗날에는 좋은 뜻만 남고 죄를 저지르고 참언을 하는 행위는 다른 말로 바뀔지 모른다. 그 반대가 될 수도 있겠고.

 좋은 의미의 '짓다'만 생각하자. 지금쯤이면 밥 짓는 냄새가 집안에 가득하리라. 자식 농사도 그만하니 지었고 노후를 보낼 집도 지었다. 옷 짓는 솜씨가 남다른 아내와 짝을 지어 한 생을 산다. 수년 전 모시 바지저고리를 지어주어 한여름을 쾌적하고 고풍스럽게 지낸 적도 있지 않은가. 텃밭 농사지으며 글 지으며 한세상 살다가 삶을 마무리 짓겠다면 욕심일까? 그에 더해 좋은 글 한 편 남길 수 있다면 더 바랄 나위가 없겠다. 수의는 아내가 지어준 모시 바지, 저고리로 할까? 어쩌면 삶과 마찬가지로 죽음도 짓는 것이 아닐까? 그림자 앞세우고 집으로 향하는 발걸음이 가볍다.

잘하는 보다 더 잘하는

 대학 후배인 초등학교 교장이 전화했다. "형님. 일 잘하는 사람 구합니다."

 체육 교육을 잘할 교사를 찾고 있었다. 9월이 되면 나뿐만 아니라 많은 교장이 이런 유의 전화를 하루에도 한두 건씩 받는다. 이즈음이면 교장들은 이듬해 교내 인사 구상에 들어간다. 구상의 첫머리는 정기 전보로 떠나는 교사들의 후속 인사를 어떻게 할 것인가이다. 교내 인사가 잘 돼야 학교 경영이 수월하기 때문에 너나 할 것 없이 미리 인재를 구하려 서둔다. 교사 본인과 양교 교장이 합의하면 특별 전보하는 제도를 활용할 수 있기 때문이다. 남은 교사 중에 체육 교육을 맡길만한 부장급 교사가 마땅치 않아서 전화한 것이었다.

마침 떠오르는 선생님이 있었다. 사는 곳도 전화한 교장이 근무하는 학교와 가까우니 성사되면 좋겠다는 생각이었다.
'열심히 하고 성실한 분이 있는데…'
라며 말끝을 흐렸다. 대뜸 반응이 왔다.
"열심히 하는 사람 말고요 잘하는 사람이요"
'일 잘하는'이라는 조건 때문에 말끝을 흐렸는데 그 부분에서 서로의 뜻이 달랐다. 염두에 둔 교사는 일도 잘했다. 그러나 내가 높이 산 것은 능력보다 성실함이었다. '잘한다.'는 기준이 모호할 뿐 아니라 경력을 쌓다 보면 잘하게 되는 것이지 처음부터 잘하는 사람은 없지 않은가. 교사들은 대부분 교육대학을 졸업했거나 일반대학에서 초등교육을 전공하고 어려운 임용고시를 통과한 인재들이다. 그들의 능력에 열정을 더하여 직업으로서의 교사에서 투철한 사명감의 스승으로 자리매김할 수 있도록 도와주는 것도 교장의 역할 중 하나이다. '잘하는'보다 '열심히 하는' 선생님을 더 소중하게 생각하는 나로서는 망설여지는 조건이었다. 다시 후배 교장의 전화는 없었다. 자연스레 일은 더는 진행되지 않았다.
 교사의 바람직한 역할이나 자질에 대해서 생각할 때면 떠오르는 영화의 한 장면이 있다. 여러 해 전에 텔레비전에서 본 제목도 모르는 흑백 영화다. 미국육군사관학교 생도들에게 수영을 가르치는 조교의 회상으로 시작하는 영화다. 조교는 수영장 둘레를 쉼 없이 뛰어다니며 한 명 한 명 힘찬 격려로 자신감을 심어준다. 조교에게 지도받은 생도들은 모두 수영에 능숙해진다. 그러나 생도들에게는 해묵은 의문이 있었다. 수영 지도자인데 한 번도 물속에 있는 모습을 본 적이 없었다. '혹시 수영을 못하는가?' 궁리 끝에 생도 몇 명이 그를 번쩍 들어서 수영장으로 던졌다. 조교는 생도들에게 의지해서야 물 밖으로 나올 수 있었다. 생도들의 '혹시'가 '역시'였다. 그 일이 있고 나서 그들의 유대는 더 끈끈해졌다. 생도들은 속았다고 여겨 실망했음 직도 하련만 오히려 수영 못하는 조교의 순수한 열정을 존중하게 되었다. 교육자에게 필요한 덕목이 '잘함'이 아니고 뜨거운 가슴임을 깨우치는 계기였다. 그는 웨스트포인트 교정에서 사열의 영예를 누리며 전역한 최초의 사병이었다고 한다.

아들이 군 생활을 할 때였다. 아들은 논산훈련소로 입소하여 훈련받다가, 그곳에서 카투사 병으로 차출이 됐다. 영어 능력 검정 시험 성적 점수대별로 비율을 정한 추첨에 뽑혔다. 한국군 훈련도 하고 미군 훈련도 했는데 재미있는 차이가 있더란다. 사격 끝나고 훈련병들에게 하는 조교들의 말이 정반대였단다. 한국군 조교의 말은

"이렇게밖에 못 하나? 조교 생활 몇 년 만에 제군들 같은 군인은 처음 봤다."

였고, 이에 반해서 미군 조교는

"귀관들처럼 뛰어난 군인은 처음 봤다. 다음 사격도 잘하리라 믿는다."

였단다. 사격 능력이 미군에서나 한국군에서나 무슨 차이가 있겠는가? 그러나 다시 사대(射臺)에 오르는 병사들의 마음가짐은 같지 않았을 것으로 짐작된다. 교육자인 나로서는 흘려들을 수 없는 이야기였다. 교육자뿐만 아니라 누구나 마음에 새길 가치가 있는 일화라는 생각이 들었다. 사격 조교는 사격 훈련의 효과를 높이는 역할을 잘하면 된다. 조교가 반드시 명사수라야만 하는 것은 아닐 것이다.

 교사 시절의 일이다. 수업을 모두 마치고 학년 부장 교실에 같은 학년 담임교사들이 모였다. 교재 연구를 하면서 학급에서 있었던 재미있는 일, 속상했던 일도 털어놓고 웃고 위로받으면서 피로를 풀기도 하는 자리였다. 한 여선생이

활짝 웃으면서 이야기를 꺼냈다. "일기장 검사 하다 보니까 나중에 교감 선생님 같은 사람과 결혼하겠다고 쓴 아이가 있어요. 이유가 뭘까요?"

성품이 온화하여 선생님들도 편안하게 대하는 교감이기는 했지만, 결혼이라니 의외였다. 여선생은 잠시 뜸을 들이다가 일기장을 펼치고 읽었다.

「집에 가다가 교문에서 교감 선생님께 붙잡혔다. 화분 몇 개를 교재원으로 옮겨 달라고 해서 큰 화분을 옮기다가 떨어뜨려서 깨졌다. 걱정하는데 교감 선생님이 말씀하셨다. "괜찮아 열심히 일하다가 그런 건 괜찮은 거야. 걱정하지 마라."

눈물이 나오려고 했다. 교감 선생님은 참 너그럽다. 이다음에 교감 선생님 같은 남자와 결혼하고 싶다.」

전날의 일기였다. 요즘이면 큰일 날 일이지만 그때는 일기 검사가 당연한 시절이었다. 결과를 떠나서 열심히 일한 것을 높이 산 교감의 따뜻한 말 한마디에 한 여학생이 결혼관(?)을 정립한 셈이었다.

교사는 그렇게 배우고 가르치며 속 깊은 스승이 된다. 처음부터 잘하는 교사는 없다. 어찌 교사만 그러랴? 처음부터 잘하는 사람이 얼마나 되겠는가? 성실하게 열심히 하다 보면 잘하는 사람이 된다. 세상을 살만하게 만들어 가는 사람은 잘하는 소수가 아니라 성실한 다수라고 믿는다. 잘하는 사람보다 더 잘하는 사람은 성실한 사람이다. 쓰고 보니 잘하지도 못하고 성실함도 부족한 사람의 반성문이 되고 말았다. 정월. 칠순 맞이 좌우명으로 삼아 '너부터 잘해'라는 뜻인가 보다.

청려장(青藜杖)

 한여름 더위를 피해서 쉬었던 산책을 다시 시작했다. 남한강의 물길과 나란한 외길은 한적하다. 개를 데리고 산책 나온 이들과 마주치지만 않는다면 마음 편한 길이다. 그들과 마주칠 때면 난감하다. 오던 길로 돌아가자니 꽁무니가 부끄럽고 그대로 가자니 조바심이 난다. 조바심도 조바심이지만 두려운 내색을 감출 수 없어서 창피하다. 개의 시선을 피하려 길가로 바싹 붙어 걷는다. 지나치고 나서도 뒤가 켕긴다. 볼품없을 내 모양새에 화도 난다.
 그럴 때마다 '작대기라도 들고나왔으면' 하는 생각이 들었다. 너덧 살 무렵 마을 뒷산에서 개에게 쫓긴 일이 있었다. 그 뒤로는 강아지와 마주쳐도 주눅이 든다. 별일은 없었지만, 개가 내뿜던 허연 김과 번질번질한 눈동자는 지금도 공포의 기억으로 남아있다. 지금은 산책길에 나설 때면 으레 지팡이를 들고 나선다.

 지팡이는 오래전에 장인(丈人)이 어머니 쓰라고 만들어 준 청려장(靑藜杖)이다. 어머니는 갑자기 세상을 떠서 지팡이를 사용할 일이 없었다. 청려장은 명아주의 대로 만든 지팡이를 일컫는데 '짚고 다니면 중풍에 걸리지 않는다.'는 기록이 있고, 신경통에 좋다고 하여 귀한 지팡이로 여긴단다. 재질이 단단하고 가벼운 데다가 모양도 기품이 있어서 신라 시대부터 노인들이 이용했다는 기록도 있다. 조선 시대에는 여든 살이 되면 임금이 조장(朝杖)이라 이르는 청려장을 주어 장수를 축하하고 노인의 상징으로 여겼다고도 한다.

 청려장의 먼지를 닦아내니 광택이 살아났다. 가볍고 손아귀에 잡히는 맛도 괜찮았다. 지팡이는 걸을 때 도움을 얻기 위하여 짚는 것이지만 호신용으로도 딱 좋을 듯했다. 조선 시대라면 나라에서 주는 국장(國杖)을 받을 나이니 지팡이를 들고 나서도 남들 보기에 어색하지는 않을 것이다. 쓰임새는 달라졌지만, 청려장은 주인을 만났다.

 지팡이를 감듯이 용틀임한 줄기는 핏줄 불거진 남정네의

팔뚝처럼 든든해 보였다. 가지를 쳐낸 자리의 옹이가 단단한 느낌을 더한다. 청려장의 용틀임과 적당한 길이 그리고 은은한 광택이 살아온 시간과 헤쳐 온 세파가 빚은 노년의 어른다움과 지혜의 상징 같기만 하다. 청려장을 들고 나서니 절로 어깨가 쭉 펴졌다. 걸음에 맞추어 가볍게 흔드니 발걸음도 사뿐했다.

 지팡이는 신화나 전설·설화·종교·동화 등에 두루 등장한다. 한양 길 짚어가는 심 봉사의 지팡이, 부석사의 선비화로 용문사의 은행나무로 자랐다는 의상대사의 지팡이, 바닷물을 가르고 반석에서 물이 솟게 한 모세의 지팡이처럼 생성과 구원의 지팡이도 있다. 인간이 지팡이에 육신만 기댄 것이 아니라 구원과 위로를 얻고자 하는 염원을 담았기 때문이리라. 죽장에 삿갓 쓰고 삼천리 방랑하던 김병연도 지팡이에 고단한 몸만 아니라 가눌 길 없는 마음도 기댔을 것이다.

 지팡이가 혼자일 때는 단지 막대기일 뿐이다. 누군가가 기대야 비로소 막대기는 누구의 지팡이가 된다. 세월이 지나면서 누군가와 지팡이가 자리를 바꾸기도 한다. 청려장의 손잡이는 명아주의 뿌리였다. 지팡이 발은 명아주 줄기 끝이었다. 청려장은 지팡이가 되기 전의 위와 아래를 기꺼이 바꾸었다. 생전의 어머니는 돌아가시기 몇 해 전부터 관절염과 치매로 정기적으로 병원에 다녀야 했다. 대학 병원의 번잡함 속에서 어머니는 나를 놓치지 않으려 애쓰는 기색이 역력했다. 인파 속에서 엄마를 놓치지 않으려는 아이의 불안한 눈빛과 다르지 않았다. 지팡이에 기댔던 아이가 지팡이가 되고 그 지팡이에 어미가 기댄다.

 어머니의 모습을 좇다가 가없이 지나온 길을 떠올렸다. 길은 아득하다. 그 길 어디쯤에서 지팡이에 기대어 기운을 차리기도 했다. 바로 설 때까지 기꺼이 함께 흔들려 준 지팡이도 있었다. 누군가의 지팡이가 되어 함께 흔들린 시간도 있었을 텐데 얼른 떠오르는 기억이 없다. 지팡이가 되어준 일보다 의지한 일이 더 많았기 때문인가 보다. 홍해를 가른 모세의 지팡이나 영화 속 선지자나 고승이 짚은 지팡이는 지팡이를 든 사람보다 커 보인다.

 높고 거룩한 곳을 가리키는 지팡이는 커야 어울릴지 모르겠다. 그러나 진정한 위로의 말이 꼭 길어야 하지 않듯이, 육신과 마음 하나 기댈 지팡이는 그리 크지 않아도 괜찮으리라. 누군가의 지팡이였던 기억이 많지 않은 것이 다행이다. 할 일이, 갚을 일이 남아 있음이 아니랴? 가장 낮은 곳에서 대지를 두드리는 지팡이 발처럼 고단한 품을 아끼지 않으리라. 기꺼이 누군가의 지팡이가 되고, 위로의 짧은 말이 되고 싶다. 떠나기 전에 받은 것보다 더 많이 돌려줄 수 있지 않을까?

 주인과 반려견이 나타났다. 개는 몇 발 앞서 걷다가는 멈추고 주인을 돌아보다가 다시 앞서고 멈추어 돌아보기를 거듭한다. 그때마다 그들은 따뜻한 눈 맞춤을 한다. 그들도 서로에게 지팡이임을 본다. 한갓 짐승도 누구의 지팡이가 될 수 있구나. 어디 짐승뿐이겠는가? 새벽 동창을 붉게 물들이는 일출은 얼마나 가슴 설레게 하는가? 이슬 머금고 새로 핀 꽃 한 송이가 주는 기쁨은 또 얼마나 벅찬가. 마음 기댈 수 있다면 온 누리가 지팡이 세상이다. 내일은 청려장을 두고 나올까 보다.

노인 시대 살아내기

정년퇴직하고 벌써 10년이 돼간다. 큰 걱정거리 없이 몸 아프지 않고 잘 지냈다. 하고 싶은 일 다 하지는 못하지만, 그러고 사는 사람이 몇 이나 될까 생각하면 지금도 몇 가지 일은 하며 사니 행복한 일이다. 일흔 넘어 아내와 함께 평안한 삶 누리고, 자손들 무탈하면 그만이지 싶다가도 불현듯 새로운 인생 설계가 있어야 하는 것 아닌가 하는 조바심이 인다.

갈수록 전철 안은 백발의 노인들로 넘쳐난다. 요즘엔 계절, 요일, 시간대도 없다. 목요일이면 수필 공부하러 종로3가에 간다. 퇴직 후 일 년여 텃밭 가꾸는 재미에 푹 빠져 지냈지만, 그런 날이 계속되니 지루했다. 구속 없는 시간이 꼭 자유와 행복만이 아님을 알았다. 변화가 필요했다. '아주 잘'은 아니더라도 '재미있게 잘' 할 수 있는 일을 찾다가 수필 교실의 문을 두드렸다. 6년 전 노후 인생 첫 실행 계획이었다.

그 뒤로 양평문화역사 연구회에 가입했다. 문화원 시(詩) 강의도 들었다. 계획에 없던 일들이다. 정월 초하루 아직 어두운 새벽에 대문을 열려고 나선 마당은 투명하게 빛나는 유리구슬을 뿌려놓은 듯 눈부셨다. 잔디마다 서린 서리에 푸른 외등 빛이 부서지며 빛의 잔치가 벌어지고 있었다. '종심(從心)'을 떠올린 건 서리 구슬 빛나는 그 새벽이었다. 아침이면 동생들 내외와 아들네가 저 문으로 들어설 것이다. 대문으로는 사랑하는 이들이 들고, 나의 문에는 무엇을 들일 것인가? 하는 생각에 미치자, 마음이 시려왔다.

몇 년째 글을 쓰고 있지만 왜 쓰는지를 생각하면 가슴이 답답하다. 관심이 편중되었던 건 아닐까? 어느 책에선가 나이 들수록 출력을 줄이고 입력을 늘리라고 씌어 있었다. 주민 자치센터에서 개설한 하모니카 초급반에 등록했다. 등록일 아침 주민 센터는 선착순에 늦지 않으려는 백발들로 발 디딜 틈이 없었다. 검은 머리 아줌마들의 수도 만만치 않았다. 평소 이 단체, 저 모임을 기웃거리는 노인들이

줏대가 없어 보여서 좋게 보이지 않았는데 그중 하나가 된 것 같아서 씁쓸하다.

 일이 꽤 많아졌다. 월요일 하모니카, 화요일 시, 목요일 수필, 거기다가 월(月) 단위 행사도 몇 개 있다. 수, 금요일은 비워두었다. 다 채우면 숨이 막힐 것 같아서 금요일만 비우기로 했다. 평생학습센터 문예 창작반이 수요일이었다. 강의가 도움이 되면 목요일 종로 나가는 일을 그만둘 생각을 해본다. 여기는 추첨이다. 떨어졌다. 계속하던 사람들에게 우선권을 줬을 테고 빈자리가 별로 없었을 게다. 언제부터 우리 사회에 인문학 바람이 불었는지 수강료가 헐한 곳뿐만 아니라 어딜 가나 사람이 넘쳐난다. 이러니 계획 세우기도 만만치가 않다. 종로 수필 교실 외에는 아직 개강 전이다. 모두 개강하고 나면 달라질까? 무엇을 배우고 깨치기 위해서가 아니라 무엇을 한다는 데에서 위로를 얻으려는 심사는 아닐까?

 다시 '종심(從心)'. '하고 싶은 대로 하여도 법도를 어기지 않았다(從心所慾不踰矩).'는 공자 나이 70의 경지다. 범인(凡人)으로서 따라갈 수는 없겠으나 지향점으로 할 수야 있지 않겠는가? 무엇을 하든 마음이 중요하다. 물처럼 맑은 마음으로 세상을 볼 일이다. 백발이 넘쳐나는 시대에 마음 떠도는 삶이 아니라, 세상에 맘 부치는 삶으로 좋은 노인이 되고 싶다. 그 전에 아내에게 너그러운 남편, 아들 며느리에게 다정한 아버지, 손자 손녀에게 따뜻한 할아버지가 되고 싶다. 동생들에게는 친구 같은 형이고 싶다. 친구들, 제자들이 만나고 싶어 하는 사람이 되고 싶다. 떠난 후에 그들이 가끔은 떠올리는 그런 사람이 되고 싶다. 이런 마음으로 법도를 어기지 않는 늙은이가 되고 싶다. 문인협회 임원이 되었으니 그 역할 또한 가볍지 않다.

 은퇴 후에도 여러 개의 지역 커뮤니티에 가입하여 주말도 없이 바쁘게 돌아가는 이들이 적지 않다. 할 일이 없다는 것을 참을 수 없어서일까 짐작하다가도 이제 나도 그런 형편이니 왈가왈부할 일도 아니다. 노인 시대를 살아내기가 여간 어려운 게 아니다. 그나저나 코로나 사태가 가라앉아야 종심도 할 것 아닌가? 모든 설계는 예정대로 풀리지 않는다는 것으로 위로 삼을 거나.

능소화가 피었습니다

잎도 변변치 않게 달린 가지에 서너 개씩 몽우리가 앉더니 8월에 접어들면서 주황색 꽃을 주르르 달았다. 능소화였다. 연전에 대문을 새로 세울 때였다. 문설주를 부수고 기초를 파헤치니 문설주에 기대어 가지를 뻗었던 능소화 뿌리가 깊게 박혀 있었다. 뿌리를 몽땅 들어내고 기초 공사부터 다시 하여 문설주를 새로 세웠다. 그 옆에 수도를 놓고 수돗가 바닥에는 디딤돌을 아귀 맞추어 촘촘히 깔았다. 큰 나무에 손대는 일은 마음 켕기는 일이라 늘 쉽지 않았다. 나무가 겪은 세월의 풍상에서 나름 품격을 느낄 수 있었기 때문이다. 그래도 능소화 뿌리를 캐냈다. 능소화가 아이들 눈을 멀게 한다는 소문을 귓등으로 흘리기 어려웠다. 곧 손자가 태어날 텐데 굳이 좋지 않다는 일을 하고 싶지 않았다.

두 해 뒤, 봄에 대문 기둥과 마당이 수직으로 만난 좁은 틈으로 가느다란 가지 하나가 빠끔히 고개를 내밀었다. 다 들어낸 줄 알았던 뿌리에서 돋은 능소화 한 줄기가 빛을 찾아 나온 것이었다. 디딤돌 틈으로 스민 몇 방울의 물로 목을 축이며 눈도 없는 것이, 야물지도 못한 것이 캄캄한 어둠을 헤치고 나온 모양이 가상하였다. 남은 뿌리가 있더라도 굴착기의 쇠 발톱에 찢기고 끊기면서 상처가 컸을 텐데 용케도 숨이 붙어 있었나 보다.

 능소화 줄기가 감고 오르도록 가지치기해 두었던 목련 가지를 세워 주었다. 여름이 끝나기 전에 가지 끝까지 능소화 줄기가 타고 올랐다. 가을까지는 더 자랄 것이기에 긴 가지 하나를 덧대 주었더니 그 가지 끝까지 타고 올랐다. 겨울이 되자 잎 진 빈 가지로 삭풍을 견디더니 지난해 여름에 처음으로 한껏 꽃송이를 달았다. 능소화를 바라보면서 미안함과 경이로움이 교차하였다. 눈먼다는 이야기도 사실과 달랐다. 석양에 벌겋게 물든 구름이 걸린 서산을 배경으로 능소화가 가볍게 흔들리고 있었다. 노을과 구름과 꽃 빛이 하나였다. 노을은 고단한 생명에게 또 내일이 있다고 속삭이는 희망과 위로가 아닐까? 언제나 그런 것은 아니지만.

12월 겨울 추위가 시작될 무렵에 아버지는 세상을 버렸다. 돈 벌러 갔던 월남에서 영정 사진 앞세운 흰 상자에 담긴 채 낯모를 사람의 가슴에 안겨 돌아온 것이었다. 무허가 단칸방이 유산의 전부였다. 골목으로 난 하나뿐인 창은 너무 낮아서 아이들도 지나면서 방을 훤히 들여다볼 수 있었다. 길바닥에 나앉은 것과 다름없었다. 그 방이 다섯 식구의 안식처였다. 그해 겨울 방학에는 점심과 저녁은 삶은 물고구마가 끼니였다. 배고픔에 아버지를 여읜 슬픔에 젖을 여유도 없었다.

해가 바뀌고 옆집에 새 가족이 이사 왔다. 갑자기 동사무소에서 무허가 건물을 자진 철거하라는 독촉장이 오기 시작했다. 몇 번인가 독촉장이 오더니 기어이 강제 철거 통지서가 날아들었다. 새 주인이 동사무소에 드나들면서 닦달한다는 소문이 들렸다. 집을 헐고 새집을 지어야 하는데 자기네 담벼락에 붙은 부스럼 같은 집을 털지 않고는 어려웠으리라. 오래된 무허가 건물을 양성화해 준다는 소문에 기대를 걸고 있을 무렵이었다.

소아마비로 한쪽 다리가 불편한 두 살 터울의 바로 아래 동생은 고등학생이었다. 고등학교 교육과정에 교련이 정규

과목이 되면서 가출했다. 가출의 이유가 그것만은 아니었으리라. 쓰러진 가세를 왜 몰랐겠는가. 그 아래 나와 다섯 살 터울의 동생은 중학생 때만 해도 기대되는 트롬본 주자였다. 진학을 앞두고 집안 형편을 생각해서 상의도 없이 몰래 본교 진학을 포기하고 장학생으로 받아준다는 고등학교로 진학했다. 어느 학교나 대개 밴드부는 규율이 셌는데 그 학교는 유난히 선배들에 의한 폭력이 잦았다. 피멍이 든 엉덩이를 보이면서 자퇴하겠다는 동생을 만류할 방법이 없었다. 초등학생이었던 막냇동생 친구들에게 과외 지도를 하면서 끼니를 거르지는 않게 되었다. 대학 입시를 준비해야 할 고등학생이 과외지도하고 있으니 입시 준비에 몰두하기 어려웠다. 여러 가지 형편을 생각해서 현역 입대하지 않아도 되는 교육대학을 택했다. 초등학교 학생 과외는 대학 다닐 때까지 계속했다. 안성맞춤의 아르바이트. 아니 생업이었다. 아이들의 성적이 향상되면서 입소문을 타고 동네의 유명 강사가 된 덕에 학생은 늘 대기 상태였다. 단칸방이 교실이자 일터였다. 수업 중에는 식구들은 밖을 서성여야만 했다.

 일터이자 가족의 보금자리인 단칸방이 헐리게 되었는데

장남으로서 할 수 있는 일이 아무것도 없었다. 동생들의 가출도, 자퇴도 막지 못했던 무력감에 무력감 하나가 더해졌다. 학교에서 돌아오던 길에 나도 모르게 옆집 대문 앞에 멈춰 섰다. 언뜻 바라본 저녁노을은 핏빛이었다. 설움인지 분노인지 알 수 없는 감정이 북받쳐 올랐다. 큼지막한 돌을 들어서 철 대문에 집어 던졌다. 여러 차례 던졌다. 굉음이 온 동네를 흔들었다. 누군가의 신고로 출동한 경찰관과 실랑이했다. 이튿날 파출소에 출두해야 했다. 동네 어른 두 사람이 딱한 사정을 알고 스스로 동행해 주었다. 동행한 어른들의 호소로 훈방이 되었다. 치열하게 살아가는 우리 가족을 위한 동네 사람들의 응원이었다.

 그 일이 있고 나서 집주인이 찾아왔다. 나름대로 이주에 도움을 주겠다는 제안을 했다. 앞으로 살아갈 동네의 평판도 생각했을 것이다. 어머니가 최악의 경우를 생각해서 경기도 성남에 전세를 끼고 급히 집 한 채를 사 두었다. 전세를 빼 줄 돈이 없어서 약수동 집을 헐어낸 자재로 마당에 방 한 칸을 세웠다. 집을 그대로 옮긴 것이다. 달라진 것은 길보다 높은 마당 위의 집이라 누구도 방을 들여다볼 수 없게 된 점이었다. 그가 약속을 지켰기에 최소 비용으로 이주할 수 있었다. 어머니는 언제 돈을 융통해서 그 집을 마련해 두었는지 용하기만 했다. 유년에서 청년이 될 때까지의 추억이 골목마다 서린 곳, 동생들이 나고 자란 약수동을 그렇게 떠났다. 두 동생은 중단한 학업을 다시는 잇지 못했다.

 어느덧 막냇동생도 환갑이 지났다. 동생들도 가정을 이루었고 자식들 뒷바라지도 거의 마쳤고, 일상의 소소한 기쁨과 고만고만한 걱정과 잔병을 동무 삼아 늙어가고 있다. 손톱이 으스러지도록 한 줌 흙을 움켜쥐고 한 방울의 물로 혀를 적시며 빛을 향해 조금씩 밀고 나와 끝내 푸른 하늘을 이고 선 능소화가 낯설지 않다. 갈증을 참고 견디며 어느덧 예까지 와서 능소화와 마주 섰다. 따뜻한 마음을 나눠주었던 이들의 얼굴은 잊었지만, 그 온기는 잊지 않았다. 미미한 온기라도 누군가와 나누는 것이 갚는 것이려니 생각하며 살았다. 옆집에 대한 원망도 잊었다. 어쩌지 못하는 가난에 대해 속상함이었지 그를 원망할 일도 아니었다. 돌멩이에 맞은 철 대문의 비명이 높던 날의 노을이 핏빛이 아니었을지도 모르겠다는 생각이 든다.

 능소화 줄기가 어른 엄지만큼 굵어졌다. 디딤돌을 깨서 넉넉하게 틈을 내야겠다. 물관을 활짝 열어 뿌리의 노고가 꽃술까지 오르도록 말이다. 석양 뒤의 어둠까지 기꺼이 받아들이며 아픔만은 아니었던 지난날을 고마워하자. 능소화처럼 정갈한 모습으로 땅에 내려앉는 날까지.

비멍

'밤새 비'라는 일기예보에 새벽같이 일어나 창문을 열었다. 빗소리가 세상 가득하다. '비멍'을 해보자며 작정하고 작년 가을부터 기다린 비가 내리고 있었다. 넋 놓고 물 구경, 불 구경하다 보면 멍한 상태가 되는데 그것이 '물멍, 불멍'이라니 '비멍'이 없으란 법은 없지 않은가? 그런 행위를 한 묶음으로 '멍때리기'라고 한단다. 젊은이들이 만든 이 말이 지금은 세대가리지 않고 두루 쓴다. 어린 시절 비 내리는 어느 날 빠져들었던 몽환적인 분위기가 '비멍'일 것으로 생각하며, 다시 한번 그 상태를 느끼고 싶다는 생각이 언제부터인지 마음에 자리했다. 긴 가뭄 탓인지 그 생각은 기다림이 되었다. 처마 밑에 나가 서서 비를 바라본다.

'멍때리기'라는 말은 비교적 최근에 유행어가 되었지만

'멍'은 그렇지 않다. 많이 들어서 익숙한 말이었다. 어렸을 적부터 지금까지도 어떤 생각에 빠지면, 누가 어깨를 흔들어야 알 정도로 깊이 빠지기 일쑤다. 어릴 때는 거울 속 다른 세상이 궁금하여 하염없이 들여다보기도 하고, 대얏물에 잠긴 달을 보며 또 다른 세상을 향해 밤하늘에 상상의 나래를 펴기도 했다. 그때마다 엄마에게

"뭔 생각하느라고 그렇게 멍청하니 앉아 있냐?"

는 소리를 들었다. 멍과 멍청이 동의어였다.

 초등학교 2, 3학년 무렵의 여름방학 때였을 것이다. 안방의 국방색 고무 튜브 위에서 낮잠 깬 적이 있다. 튜브가 왜 방에 있었는지 기억나지 않지만 거기서 자겠다고 동생들과 다투곤 했었다. 열린 방문을 채울 만큼 커다란 태양이 나를 지켜보고 있었다. 실핏줄 비친 달걀노른자처럼 검붉은 줄이 간 태양이었다. 집안은 고요했다. 울음이 터졌다. 어디선가 엄마가 놀라서 나타났다.

"왜? 꿈꿨어? 무서운 꿈꿨나 보구나."

엄마 품으로 기어들며 울음 섞인 목소리로 중얼거렸다.

"엄마, 죽지 마. 엄마. 죽으면 안 돼."

 입안으로 짠물이 흘러들었다. 동생들에게 빼앗겼던 품에

서 낯설면서 포근한 느낌에 싸여서 오래도록 그러고 있었다. 엄마는 말없이 내 등만 토닥였다. 그날 죽음의 두려움과 울음의 정화 기능을 알아버렸는지 모르겠다.

 이런 상태 또는 감정들이 '멍'이라면 어려서부터 싫지만은 않은 감정이었다. 그런데 이런 상태는 '멍'보다는 공상, 상상에 가깝지 않은가? 생각이 아주 사라져 버린 것 같은 기억도 있기는 하다. 비 오는 날이었다. 마루 끝에 턱을 괴고 엎드려서 빗줄기를 바라보고 있었다. 기와를 적시는 빗소리, 홈통을 흐르는 물소리, 작게 팬 웅덩이에 떨어지는 물소리와 무수히 생겼다 사라지는 비 동그라미에 정신을 팔다 보면 졸음이 안개처럼 감겨왔다. 소리가 멀어져가는 기적(汽笛)처럼 가늘어지면 생각은 날개를 접고 희부연 공간에 혼자 남겨진 기분이었다. 나이 들면서도 비 오는 날이면 그때의 적요(寂寥)가 때때로 그리웠다. 그런 상태가 멍일까?

 아들 해외 출장 중에 며느리 육아 부담 덜어주려 두 손주를 양평 집에 데려왔다. 금요일부터 주말과 이어진 삼일절까지 5박 6일이었다. 손주들의 추억 놀이로 거실에 텐트를 치고 잤다. 그 안에 아내까지 넷이 누웠다. 곧 세 돌 맞는 손녀는 말문이 터져서 못 하는 말이 없다.

"난 할아버지가 엄청 좋아요."

 채희의 고백이 당당하다. 손자가 질 수 없다. "

할아버지, 나 어른 될 때까지 죽으면 안 돼."

"그럼 주영이 장가갈 때까지 안 죽을 거야."

 그걸로 아쉬운지 골똘하더니 이내 폭탄을 터뜨렸다.

"할아버지, 나 죽을 때까지 죽으면 안 돼." 이를 어쩌나?

"어이구, 내 새끼야."

 꼬옥 안을 수밖에. 손자는 내년에 초등학교 입학이다.

 손주들에게 날아간 생각으로 비도 비명도 잊었다.

'학교 가려면 코로나가 끝나야 할 텐데, 아들이 출장 간 프랑스의 코로나 상황은 어떤지, 손주들이 양평을 좋아하니 귀촌 잘했네, 조것들 사는 세상은 전쟁 없이 평화로워야 할 텐데, 아내와 나, 몹시 아프지 않다가 가야 할 텐데, 늦게 새끼 둔 아들이 아이들 클 때까지 건강하게 직장을 잘 다녀야 할 텐데…' 염려에 걱정이 가지를 친다.

"약 드쇼."

 식전 약을 먹으라는 아내의 목소리에

"어따 정신 팔고 있냐?"

던 어머니의 음성이 겹친다. 아내의 부름에 끊겼던 생각이 이어진다.

'멍하니 있을 때 생각하는 힘이 커진다.' 어느 책에서 본 구절이다. '커지는 것'과 '많아지는 것'은 통하는 개념 아닌가? '멍'은 생각이 없는 상태가 아니라, 생각이 많아지는 상태가 아닐까? '멍때리기'가 생각한다는 사실까지 잊는 것이라면 그것은 '도(道)이지 평범한 사람이 다다를 수 있는 경지는 아닐 성싶다. '멍때리기'는 잘 모르겠으나 '멍'이든 '멍청'이 든 마음의 주름을 얼마간 펴준다는 점에서는 비슷하지 않을까 짐작해 본다. 또 생각이 많아지려고 한다. 헛기침하며 안으로 향하는 등 뒤에서 바람이 젖은 공기를 흔들고 지나간다. 가뭄 끝에 단비가 반갑다.

사릉(思陵)에서 길을 잃다

 목적지를 정하지 않은 나들이였다. 수강 중인 인문학 강의 시간에 맞춰 나섰지만, 사실은 강사 사정으로 휴강이었다. 등교 시간도 출근 시간도 지난 경의·중앙 상행선 전철 안은 한산했다. 선물 같은 시간을 아내 모르게 즐기고 싶었다. 교사였던 아내도 내 정년퇴직에 맞춰서 명예퇴직했다. 퇴직하고 나서 둘이 있는 시간은 길어졌고 외출은 줄었다. 생활이 단조로워졌다. 답답하던 차 뜻밖에 호젓한 시간을 가질 기회였다.
 퇴직하고 3년이 지나면서부터 자유로운 해방감과 여유에서 오는 편안함은 시나브로 사라졌다. 연금에 기대어 전원에 묻혀 살면 행복하리라고 생각했다. 아침잠을 마음껏 즐기고, 맑은 공기 한껏 마시면서 무슨 일을 먼저 하든 나중에 하든 누구의 간섭도 없고 시간에 구애받지 않는 삶이 바로 꿈꿨던 삶인 줄로만 알았다. 그러나 일과 여가의 구분이 모호하고, 현실만 남고 이상은 사라지고, 현저히 줄어든 인간관계로 단순해진 생활이 진정한 행복인지 의문이 들기 시작했다. 한 번은 풀어야 할 숙제였다. 열차는 망우역으로 들어서고 있었다. 마침 경춘선 환승 안내 방송이 나왔다.
'아, 경춘선! 그래 사릉에 가보자.'
고 급히 목적지를 정했다.

 중학교 동기 중에 사릉이 고향인 친구가 있었다. 할아버지가 동네 면장을 지낸 마을의 큰 어른이어서인지 그곳에서 친구의 행동은 거침이 없었고, 늘 뭉쳐 다니던 세 친구도 덩달아 따라 했다. 자주 가지는 않았지만 사릉은 고등학생 시절까지 우리의 놀이터였다. 송사리 쫓고 물장구만 친 게 아니었다. 그때는 왜 그리 어른이 되고 싶었는지…. 붕어회와 매운탕을 안주 삼아 소주를 깠다. 익숙하지 않은 취기가 오르면 야외 전축을 틀고 트위스트를 추었다. '식후 불연이면 3초 내 즉사'라는 가당치도 않은 말을 끌어대며 어설프게 연기를 뿜으며 어른인 체를 했다.

 경춘선 기차를 놓치면 퇴계원까지 버스를 타고 가서 왕숙

역 근처 소문난 국숫집을 찾았다. 역에서 상행 에스컬레이터를 하행인 줄 착각하고 올라탔다가 뒤로 밀리면서 엉덩방아를 찧는 소동도 벌였다. 소문은 소문에 그치기 일쑤다. 국수는 먹는 둥 마는 둥 깨작거리다가 반나절을 헤맨 사릉을 생각했다.

 사릉 가는 길에 규모가 큰 고물상이 있었다. 무심코 지나쳤는데 돌아오면서 보니 낮은 담장 너머로 높이 쌓은 특이한 고물이 눈에 들어왔다. 선거철이면 길거리에서 자주 보던 유세 트럭의 짐칸을 연단처럼 꾸미고 부착했던 홍보 판이었다. 후보자들 모두가 환하게 웃고 있었다. 바로 선 것은 선 채로 뒤집힌 것은 뒤집힌 대로 언제 어디선가 한 번쯤 본 듯한 웃음이 얼굴 가득했다.

 '준비된 김○○ 행복한 남양주', '교육 행정전문가 임○○!' 등이 보였다. 그 중의 누구는 당선되고 다른 사람들은 낙선했을 터였다. 지금은 저마다의 삶을 살겠지만, 그들을 대신했던 간판들은 널찍한 남양주의 고물상 마당에서 공평하게 따가운 햇볕을 나누어 쬐고 있었다. 낙선인의 얼굴이 당선인의 홍보판 위에 얹혀 있어도 누구도 얼굴 찌푸리지 않았다.

사릉 친구는 몇 년 후 세상을 뜬 아버지와 화해했을까? 단종과 정순왕후와 세조의 세상은 고물상 풍경처럼 맑은 바람 나누며 따뜻한 햇볕 함께 쬐는 세상일까? 찾아온 손님들이 아직 가지 않았으면 좋겠다고 생각하며 선뜻 일어섰다. 가서 세상 얘기, 사는 얘기 나누자. 퇴직 후에 찾아주는 손님들이 얼마나 고맙고 반가우냐. 이승에서 인연 닿은 사람들과 오순도순 사는 날들이 얼마나 고마운가.

 사릉에서 길을 잃다. 아니 백수의 길을 찾다.

창밖의 시간

 요즘은 꿈을 꿔도 깨고 나면 무슨 꿈이었는지 기억도 나지 않고 꿈을 꾸긴 꿨나 하는 의문마저 드는 일이 잦다. 어렸을 때 꿈을 꾸다 가위눌린 적이 있긴 하지만 꿈에 예지 기능이나 치료의 어떤 단서가 숨어있다는 분석학적 입장도 믿음이 가지 않는다. 길몽이니 흉몽이니 하는 일에도 관심 없다. 그런데도 잊히지 않는 꿈이 있다. 기억도 선명하고 생시와의 경계도 분명치 않던 꿈이다. 봄이 한창이던 4월 초 어느 늦은 오후였다.

 발목을 감는 한기에 잠이 깼다. 밖으로 통하는 문 하나가 열렸고, 그리로 서늘한 바람이 들어오고 있었다. 6시 40분. 시각을 확인하고 창밖을 보니 어스름이다. 탁상시계 알람은 새벽 6시에 맞춰져 있다. 사십 분 전에 알람 소리가 요란했을 텐데 기억에 없다. 아내는 아무리 늦게 자도 알람이 울리면 바로 일어나지만 나는 알람 소리를 거의 듣지 못한다. 어쩌다 듣는 날에도 설핏 깨서 뒤채다가 이내 그루잠에 빠지곤 한다.

 아내의 기척이 없다. '피곤했나? 게으름을 피우게'라고 생각하며 안방을 들여다본다. 아내는 보이지 않고 침구는 여느 날처럼 정리돼 있다. 집안을 둘러본다. 주방은 아직도 잠결이다. 주방 기구며 식기들은 제자리를 지키며 쉬고 있다. 대문 밖에 차가 있는지 확인한다. 없다. '방앗간엘 갔나?' 어제도 복잡하지 않을 때 가야 편하다며 새벽에 고추장 담글 쌀을 빻으러 다녀왔는데, 방앗간 갈 일이 또 생겼을까? 그럴 리가 없다. 마당으로 나간다. 시든 목련 잎 몇 장이 바닥에 누워 있다. 떨어진 작약 꽃잎에 물방울이 맺혔다. 향 달맞이꽃이며 장미, 패랭이꽃이 저마다의 색깔로 어스름 속에서 빛나고 있다. 그날이 그날 같은 봄날의 새벽 풍경이다. 아내는 어디에도 보이지 않는다.

 꽃밭에 시선을 두고 어수선한 생각의 갈피를 잡으려는데 어떤 시선이 느껴졌다. 사방을 둘러보았다. 나 혼자 있는 집에서 내게 눈길을 보낼 무엇이 있을 까닭이 없었다. 시선을 거두어 꽃밭으로 되돌리자, 꽃들이 무채색으로 바뀌어 있었다. 꽃뿐만 아니라, 온 세상이 모양은 그대로인 채 색깔만 잿빛으로 변해 버렸다. 소리도 사라졌다. 나뭇잎을 스치던 바람 소리, 꿀벌의 날갯짓 소리, 한길에서 들리던 자동차 소리가 사라졌다. 회색의 세상에 망연히 남은 나를 내다보는 누군가의 윤곽이 창 안에 흐릿하다. 자세히 보니 겁에 질린 회색의 나를 내다보는 그는 나였다. 낯선 눈길의 정체가 또 다른 나의 시선이었나? 어느 내가 나인가? 무서움이 어느 나를 휘감았다.

하릴없이 집 안으로 들어갔다. 아니, 내가 언제 밖으로 나가기는 했던 건가? 그렇다면 내다보던 나는 누구였나? 울음이 터지기 직전의 먹먹함으로 가슴이 미어졌다. 이곳은 틀림없는 딴 세상 같았다. 벽시계가 일곱 시를 알린다. 이쪽 세상에서도 시간은 가나 보다. 소리? 정시마다 울리는 시계의 음악 소리를 분명히 들었다. 확인이 필요했다. 수도꼭지를 천천히 올렸다. 공기가 밀리는 소리, 이어서 쏟아지는 물소리, 물이 싱크대에 부딪는 소리가 차례로 생생하게 들려왔다. 소리와 시간의 세상으로 돌아온 건가?

휴대전화가 눈에 들어온다. 1번 키를 눌렀다. 단축키 1번은 아내의 전화번호다. 통화를 기다리며 창밖의 어둠을 응시했다. 동틀 시간이 지났을 텐데 창밖의 어둠은 견고했다. 꼭뒤가 뻣뻣해지는 느낌이었다. 고개를 숙이고 귀에만 집중했다. 두 발목을 꼬았다 풀었다 몇 차례 하고서야 신호음이 멈추고 소리의 통로가 열렸다. 끊길지도 모른다는 염려에 마음이 바빴다. 서로 다른 세상이 아니기를 바라는 간절함에

"어디야?"

묻는 목소리가 떨려 나왔다.

"어디긴? 현정이네지."

아내의 목소리에 '알면서 왜 물어?' 하는 가벼운 짜증이 실렸다. '현정이'는 나를 고모부라 부르는 처조카의 이름이었다. 헝클어진 머릿속이 정리되기도 전에 아내의 목소리가 이어졌다.

"저녁은?"

'저녁이라니 이게 무슨 소리인가?'

다시 창밖으로 눈길을 돌렸다. 창밖은 진한 어둠이다.

'먹어야지.'

하면서 전화를 끊었다.

'아직은 아니지. 그냥 꿈일 뿐이야.'

한순간에 분명해졌다. 빛과 소리와 시간의 세상에 돌아온 것이다. 돌아온 것이 아니라 그냥 있었을 뿐이었다. 아침에 아내가 집을 나서면서

'현정이네 들렸다 올 테니 저녁은 알아서 챙겨 드시오.'
라는 말을 남겼다. 잡초 뽑고 산책하고 한바탕 씻고 나서 흔들의자에 몸을 묻었다. 더워서 양말 벗고 거실문 한 짝을 연 것이 떠올랐다. 그러나 어디까지가 꿈이고 어디까지가 생시였는지는 분명하지 않았다.

열렸던 문을 닫고 전등을 켰다. 창밖의 어둠 속에 내 반영(反影)이 뜬다. 그를 바라보자, 그도 이쪽을 본다. 두 개의 내가 마주 섰다. 어느 시간 속의 내가 진짜 나였을까? 당나라 시인 이하(李賀 790~816)는 죽어서 시를 외는 무덤 속의 자신을 보았더란다.

'가을의 무덤 속, 나는 죽어/포조의 시를 외고/피도 한스러워 천년을 푸르리라.(秋墳鬼唱鮑家詩 恨血千年土中碧)'
나도 그처럼, 아니 반대로 저승에서 이승을 보았던 걸까? 야금야금 한지에 물 번지듯 모르는 새 이리로 데려온 것인가? 설움보다 외로움이 밀려들었다.

늦은 저녁 식사를 마칠 때쯤 아내가 돌아왔다. 사내와 나는 하나가 되었고 세상은 다시 일상으로 수렴하기 시작했다. '개와 늑대의 시간'에 어느 시공의 경계를 소요(逍遙)한 한바탕 서늘한 꿈이었다. 지금도 어디까지가 꿈이었고 어느 게 생시였는지 모르겠다.

누구라도 바람에

 한 줄기 바람에 낙엽을 태우던 불길이 주저앉는다. 부지깽이로 낙엽 더미 아래로 바람길을 터주자 불길이 다시 인다. 이내 불길이 잦아들고 하얀 재만 바람에 날린다. 지난 가을 마당 가에 모아두었던 묵은 낙엽을 다 태웠다.
 바람의 심사는 꺼져가는 불길을 살려내려는 열망일까? 끝내는 재나 날릴 절망일까? 열망과 절망 사이 어디쯤 윤동주와 서정주의 바람이 보인다. 윤동주는 바람에 부끄러웠고, 서정주는 바람으로 컸단다. 동주는 작은 바람에도 괴로워하며 주어진 길을 운명처럼 걸어서 맑은 영혼으로 우리들 가슴에 빛나는 별이 되었다. 미당은 〈자화상〉에서
'스물세 해 동안 나를 키운 건 팔 할이 바람'
이라고 읊었다. 어떤 이에게 역풍이지만 어떤 이에겐 미풍

일 수도 있는 역설로 바람은 미당의 시혼(詩魂)을 키웠나 보다.

 바람이 일면 모든 경계는 긴장한다. 봄바람이 불면 대지에는 물기가 돌고 얼음은 풀려 강기슭의 나룻배는 알지 못할 설렘으로 출렁댄다. 돛이 부푼 돛배는 출항을 꿈꾼다. 갈매기는 바쁜 날갯짓으로 바람을 딛고 서서 수평선을 응시한다. 꽃망울은 터뜨릴 순간을 가늠하고 나무는 가지마다 눈을 틔워 세상을 내다본다. 민들레는 비상을 기다리는 씨를 키우고 풍경(風磬)은 소리 내어 존재를 알린다. 새들이 먼저 알고 목청을 가다듬는다. 흔들리는 모든 것들의 안과 밖이 깨어난다. 어디 봄바람뿐이랴? 어느 바람에나 존재하는 것들은 드러나게 마련이다.

 나의 시간 속으로도 바람은 지나갔다. 따뜻한 바람도 있었고 매서운 바람도 있었다. 가장 깊은 기억의 바닥에는 간지럽고 따뜻한 바람이 자리하고 있다. 까진 무릎에 빨간 약을 발라주면서 호호 불어주던 엄마의 입김, 김이 피어오르는 하얀 쌀밥을 호호 식혀주던 엄마의 입바람, 티끌 들어가면 엄지와 검지로 아래위 눈꺼풀을 까뒤집고 불어주던 엄마의 바람은 생각만 해도 간지럽다. 떠올리기만 해도 따스함이 가슴에 괸다. 매서운 바람도 있었다. 아버지의 부재와 함께 들이닥친 가난이었다. 차디찬 바람이었고 그 바람에 일찍 철들었다.

 어린 나이에 철들은 바람 앞에서 셈부터 따지게 했다. '죽는 날까지 하늘을 우러러/한 점 부끄럼이 없기를' 바란다면 잎새에 이는 바람 소리를 놓치지 말아야 했다. 잎사귀나 흔들 수밖에 없는 것들의 소리에 귀 닫지 말아야 했다. 의식의 밑바닥에 숨죽였던 바람이 두꺼운 기억을 뚫고 올라와서야 따뜻한 바람도 있음을 생각해 냈다. 나를 채운 것은 차가운 바람의 시간만이 아니었다. 따뜻한 바람이 먼저 배어 있음을 기억해 냈다.

 따뜻한 바람을 기억하자 바람이 내게로 들어왔다. 바람과 하나 되어 풀잎 쓰다듬고, 나뭇잎을 흔들고 강물을 디디고 산을 오르다가 바다 깊숙이 곤두박질한다. 바닥을 쳐서 펄을 뒤집고 회색의 물방울을 끌고 솟아오른다. 파도를 박차고 단박에 하늘까지 치솟는다. 구름을 끌다가 갈대밭에 내려앉아 숨을 고른다. 바람을 털어내며 바람을 생각한다.

 바람은 기압 차이에 따라서 산들바람 같은 미풍부터 바다를 뒤집어 해일을 일으키기도 하는 태풍까지 양태가 변화무

쌍하다. 구름을 몰아서 비를 내리기도 하고 비나 눈과 합쳐져 비바람이나 눈보라가 되기도 한다. 이러한 다양성 때문에 '동네 처녀 바람났네', '바람 앞의 촛불', '치맛바람', '투기 열풍'처럼 의미가 확장되어 인간사를 에둘러 표현하는데 예부터 바람의 의지와는 상관없이 바람을 불러들였다.

 오늘도 바람이 분다. 큰 시인들의 바람을 떠올린 것도, 산과 강과 바다를 바람처럼 누비다 갈 숲에 내려앉은 상념도 바람 탓이었나 보다. 바람이 없는 세상은 얼마나 삭막할까? 처마 끝의 풍경이 어찌 소리를 만들며, 갈대는 어이 흔들릴 것인가? 구름은 어찌 흐르며 물결과 파도는 어이 일까? 민들레는 어찌 새끼를 퍼뜨릴까? 시인이 생겨나기나 할까? 바람결에 흔들려야 할 것들이 흔들리고 생겨나야 할 것들이 생겨난다. 그리고 어머니의 사랑 내음이 거기 있다. 바람에 흔들린 만큼 아름다운 세상이다.

 봄바람이 강물을 딛고 앞질러 달려간다. 바람 떠난 자리를 나비의 날갯짓처럼 한 박자씩 쉬어가며 동남풍이 채운다. 봄의 손목을 잡고 오느라 걸음이 더딘가 보다. 바람이 계절을 열고 또 바람을 부른다. 어디에나 바람은 불고 누구라도 바람에 젖는다.

꽃길만 걸으세요

'꽃길만 걸으세요.'가 요즈음 축복의 대표 인사가 된 느낌이다. '꽃길'이란 말이 순탄하고 순조로운 경로를 비유한 말로 적합하다고 많은 사람이 느껴서 생명력을 얻었나 보다. '꽃길' 하면 먼저 결혼식장이 떠오른다. 신랑·신부가 입장하고 행진하는 길을 언제부터인지 꽃길로 꾸민다. 전시장이나 행사장 입구로 오르는 계단에도 두 줄로 화분을 벌여놓아서 꽃길을 만든다. 장례식장도 화환이 늘어선 꽃길이다. 기쁜 일에나 슬픈 일에나 사람들은 꽃길을 만든다. 지위가 높거나 재산이 많은 사람의 꽃길은 비싸고 화려한 화분과 화환으로 넘쳐난다. 많은 사람이 '꽃길'을 선망하는 까닭이 이 때문인지 모르겠다.

꽃길을 누가 마다하랴. 올봄에는 원 없이 꽃길을 걸었다.

여름에도 가을에도 꽃은 피지만 추위에 움츠렸던 몸과 마음의 끌림이 봄꽃만 못하다. 채 녹지 않은 눈을 이고 빠끔이 세상을 내다보는 듯이 피어난 복수초, 집마다 개나리꽃이 울타리를 환하게 밝힌 동네 길, 버들개지 부풀고 울타리 너머 수목원의 산수유 차례로 피고 지는 강변길, 벚꽃이 튀밥처럼 터지고 바람결에 향기 은은히 날리는 산책길 모두가 꽃길이다. 이토록 봄, 봄꽃, 봄 향기를 제대로 누린 적이 있었을까?

2월 그믐께였다. 하모니카 강좌를 비롯하여 읍사무소에서 열던 인문학 강좌가 접수를 중단했다. 도서관이 문을 닫았다. 문화원 강좌도 폐강되고 평생학습센터도 문을 닫았다. 중·고등학교 동기 모임도 미룬다는 기별이 왔다. 양평 오일장도 멈췄다. 서울은 물론 양평 읍내도 나갈 일이 없었다. 마트에 장 보러 나가는 아내나 따라나서야 사람 구경할 수 있었다. 마스크가 생필품이 되었다. 유료 배급제나 마찬가지였다. 5부제가 시행되어 해당 일에만 살 수 있었다. 5부제가 되기 전에는 아침 일찍 나서서 약국 순례를 해야 한두 매 구할 수 있었다. 한두 장이라도 구한 날은 종일토록 상탄 기분이었다.

'땡코' 뉴스가 생겼다. 저녁 9시 뉴스뿐이 아니라 매시간 뉴스, 특집 뉴스로 종일 '땡' 하면 '코'가 이어졌다. 방송은 불어나는 확진자, 사망자 수를 시시각각 보도하고 수수한 모습의 안경 쓴 질병관리본부장은 어느새 이웃집 아주머니처럼 친근한 얼굴이 되었다. 대통령이 자신한 대로 '한 번도 경험 못 한 새로운 나라'가 실현되고 있었다.

팬데믹, 팬더믹 중 어떤 표기가 맞느냐는 질문에 국립국어원의 답이 나오기도 전에 그리스어로 왕관이라는 뜻의 코로나는 '19'라는 주민등록번호까지 얻었다. '[1]듣보잡' 종교단체가 -'잡'은 빼야 하나?- 예방 수칙을 어겨서 대구·경북 지역을 중심으로 코로나19가 급속히 퍼졌다. 중세 유럽을 휩쓸었던 흑사병의 상황이 이랬을까? 텔레비전에서는 세계 초일류 국가라는 미국의 희생자들이 매장할 터가 모자라서 섬 하나에 긴 구덩이를 파고 매장하는 모습을 보여주었다. 콜레라에 걸린 가축을 매몰 처리하는 그림이 겹치면서 한기가 등줄기를 타고 내렸다. 이탈리아에서 유독 많은 노인이 목숨을 잃었다. 노인 인구 비율이 높아서라는 설명이다. 인구가 너무 많아서 조절하는 것이라는 해괴한 말도

---

1) '듣도 보지도 못한 잡것'의 줄임말

돌았다. 해괴한 말로 받아들이지 않을 사람도 있을 것 같다는 생각에 우울하기까지 하다.

 정상적인 사고가 어려웠다. 와중에 대한민국이 의료선진국이 되고 방역 모범국으로 국제 사회의 희망이 되었다는 소식이 연일 뉴스 시간을 채웠다. 상황이 끝나지 않았는데 앞서 나가는 모양새가 그쪽도 정신없기는 마찬가지인가 보다. 하루 한 시간은 더 잔다는 질병관리본부장의 말이 애틋하다. 의료인들이 가시밭길을 걸을 때, 희생자 가족들이 슬픔에 잠겼을 때 나는 연일 꽃길을 걷고 있었다. 축복의 길도 아니고 행복이 넘치는 길도 아닌 꽃길을 걸었다. 정리되지 않는 생각들로 어지러웠다. 글도 쓸 수 없었다. 컴퓨터 앞에 앉을 생각조차 없었다.

 날짜 잡았던 지인 자녀의 결혼식은 어찌 됐을까? 옛 직장 동료가 모친상을 당했는데 문상도 못 했다. 궁금해도 선뜻 전화하기가 어렵다. 교장 승진한 후배는 멋진 학교 경영의 꿈이 컸을 텐데 제자들 얼굴도 보지 못한다. 신입생들은 입학식도 못 하고, 학교는 궁금하고 얼마나 속상하고 애가 탈까? 처음 학교 문을 들어서는 초등학교 신입생들은 새 가방을 몇 번이나 쌌다가 풀었을까? 새 옷 차려입고 새 운동화 신고 새 마음이어야 하는 데 그 마음에 먼지 쌓일까 안타깝다.

목련이 피고 지고, 진달래도 꽃 지고 푸른 잎만 달았다. 계절은 어김없이 오가는데 일상은 멈췄다. 라일락 향기 이미 아득하다. 모란꽃 진 옆에는 작약이 환한 얼굴을 들었다. 때맞춰 내린 비에 피기 시작한 장미 꽃송이가 탐스럽다. 황색 장미들은 아기 얼굴보다 큰 꽃송이를 가지마다 매달았다. 꽃은 피고 지고 꽃길은 여전한데 벗은 멀리 있다. 미국에서 의사 노릇하여 아이들 키우고 이제는 은퇴한 친구의 전화가 전보다 잦은 것이 그나마 위안이다. 친구들의 전화도 문자도 지쳐간다. 조심스럽게 잡은 친구와의 만남도 접었다. 클럽을 통한 코로나19의 확산 때문이다. 멀건 가깝건 만나지 못함은 한 가지다.

유아 운동학원에 가지 못하는 손자 주영이가 사나흘씩 여러 차례 양평서 자고 갔다. 손녀 채희의 돌잔치도 있었다. 가족끼리 조촐하게 치렀다. 걱정 하나 없는 얼굴로 돌상을 받은 손녀 채희를 보면서 눈을 감고 아이들의 앞날을 생각했다. 앞길에 이런 환난이 다시는 없기를, 꽃길만 걸으면 좋겠지만 어쩌다 가시밭길에 들었을 때 가시가 실밥 같기를, 실밥은 아니라도 긁히면 실금 같은 생채기나 남기는 여린 가시이기를 그리고 얼른 그 길을 벗어나기를, 아이들 곁에 함께 걷는 이들이 많기를 빌었다.

 2020년 봄, 나날과 사람과 세상의 소중함과 귀함을 생각하며 가슴이 자주 따뜻했다. 소중한 시간은 추억에만 있는 것이 아니다. 그 시간 속에서 그 시간을, 그 시간 속의 사람들까지를 마음에 꼭 안을 때가 있다. 그날이 그랬고 요즈음이 그런 나날이다.

빈자리도 많은데

 세 명이 앉을 수 있는 경로석에 할머니 둘이 양 끝에 앉았다. 가운데 자리는 보따리 하나가 사람인 양 자리를 차지하고 있었다. 그 앞으로 가서 서니 둘 중 한 할머니가 보따리를 무릎 위로 옮기며 곱지 않은 눈길로 아래위를 훑는다. 어쨌거나 여인의 시선이니 참아주자며 앉았다. 앉은 뒤에도 마뜩잖은 표정을 거두지 않는다.
"왜 그러시오?"
 물으니
"빈자리도 많은데…"
 라며 일반석 쪽을 턱으로 가리킨다.
'아주머니가 예뻐서요.'
라고 받을까 하다가 늘그막에 성희롱으로 몰릴까 봐 그만

두었다. 대신에 정색하고
"왜 젊은 사람 앉을 자리를 뺏어요?"
라며 목소리에 무게를 실어 훈계하듯 일렀다.

 어느 문예지에서 재미있는 수필을 보았다. 주인공은 집을 나설 때면 열두 살을 잘라서 집에 둔단다. 이야기는 전철 안으로 이어진다. 경로석을 쳐다보지도 않는단다. 열두 살을 빼면 예순다섯 아래가 되는 모양이다. 작가는 떳떳하게 65세 미만의 일반 승객들 틈에 앉는다. 요즘은 할머니들뿐 아니라 영감들의 나이도 겉모습만으로는 짐작하기가 어렵다. 76세라도 그렇게까지 보이지 않는 사람이 많으니, 젊은이들의 눈총을 받지 않을 수도 있겠다. 여기까지는 제 잘난 멋이니 젊은이들 자리 하나 차지해도 용서가 된다. 다음 이야기가 심히 괴이하다. 자리가 다 찼을 때 앉아있는 젊은이 앞으로 부득불 밀고 들어서는 노인들 있지 않은가! 젊은이 중 누구도 자리를 양보하지 않았나 보다. 그 장면에서 작가는 요즘 젊은것들을 질타하며 글을 맺었다. 그 글을 읽은 후부터 전철을 타면 서서 가더라도 더더욱 경로석 쪽으로 간다.

 열두 살을 집에 두고 나온 일은 자기만족이다. 자기만족이야 나무랄 일이 아니지만, 남에게 폐를 끼치며 누리는 만족이라면 이야기가 달라진다. '자리가 사람을 만든다.'라는 말이 있다. 지위가 주어지면 누구라도 그에 걸맞은 역할을 해나갈 수 있다는 의미로 쓰인다. 이 말이 성립하려면 전제가 필요하다. 할 수 있을 사람에게 자리를 주고, 할 수 있을 사람이 그 자리에 갔을 때만 타당한 말이다. 두 가지 전제가 충족되지 않으면 자리 준 사람도, 차지한 사람도 불편할 뿐이고 오래가지도 못한다. 우리 정치판이나 직장, 모임에서도 그런 예는 넘쳐난다. 빈자리가 아무리 많아도 내 자리인지 아닌지는 따져보아야 한다. 따지고 말 것도 없이 누구의 자리인지 분명한 자리도 있다.

 사회생활을 은퇴한 사람 중에도 자리나 감투에 목매는 이들이 있다. 헌신하고 봉사하는 자리라면 박수 받을 일이지만 작은 이익이나 권리가 걸린 자리라면 아름답게 보이지만은 않는다. 정년퇴직을 앞두고 퇴직 후에 할 만 한 일을 찾은 적이 있다. 살던 집에서 가까운 곳에 무학자를 위한 학교가 있었다. 집에서 가깝고 적지 않은 강사료까지 나온다고 했다. 자격도 맞춤이고 마음만 먹으면 추천을 얻을 수도 있었지만 그만두었다. 정규 학교는 아니지만 교사 자격증을 가진 젊은이들이 보수도 받고 경력도 인정받을 수 있는 자리라는 말을 듣고서였다. 나에게는 봉사 활동 정도의 일이지만 어떤 젊은이에게는 교사로서의 꿈을 키울 수 있는 자리였다.

아무리 빈자리가 있어도 불편한 자리는 사양이다. 서울 나들이에 전철 1호선을 쉽게 갈아타려면 경의·중앙선 6호 차량 2번 문으로 타야 한다. 그러나 경로석 가까운 6호 차량의 1번 문으로 탄다. 출퇴근이나 등하교 시간 아니면 오빈역서 타도 경로석에 늘 빈자리는 있다. 없으면 또 어떠냐. 선 곳도 내 자리인데. 하루하루 분에 맞춰 살 일이다.

오늘은 살날 중에서 가장 젊은 날이지만, 살아온 날 중에서는 가장 늙은 날이기도 하다.

3부.
반에 반하다

새, 다시 날다

 가뭄이다. 비가 한두 번 오시기는 했는데 마른 땅에 먼지만 폴삭 일다가 그친 정도였다. 텃밭에 물을 주면서 아내와 '이 물값이면 사 먹는 게 싸겠다.'는 소리를 여러 차례 했다. 물주기를 거르면 대번 표시가 났다. 오이, 호박잎이 축 늘어진다. 상춧잎도 처진다. 채소뿐이 아니다. 꽃들도 볼품이 없기는 한가지였다. 나무들도 덩치만 컸지 따로 물을 저장하지 않는지 잎을 축 늘어뜨리기는 마찬가지다. 집 울타리 안에서 자라고 자손 퍼뜨리며 살아가는 것들을 모른 체 할 수는 없다. 다 귀한 생명이다. 집에 기생하는 것이 아니고 함께 살아가는 동반자다. 그러니 목마른 녀석들에게 물을 주는 건 식구 끼니 챙기는 것과 똑같은 일이다.
 아침마다 눈 뜨면 마당으로 나간다. 밤사이 새로 핀 꽃을 반기고, 어제보다 자란 채소며 열매에 눈인사를 보낸다. 아침 손님도 반긴다. 참새며 까치가 잔디밭에서 무언가를 쪼고 연 심은 그릇의 물을 마신다. 어떤 녀석은 경계심도 풀기로 했는지 가까이 가도 옆걸음 한두 번으로 슬쩍 옮겨 앉을 뿐 달아나지도 않는다. 근처 양봉장에서 날아온 벌들도 같은 물을 마신다. 이름 모를 산새들도 보리수 열매를 쪼고 블루베리에 입을 대는 녀석들도 있다. 용케도 잘 익은 놈만 골라서 따먹는다. 이 녀석들도 자식이나 친구보다 자주 보고 익숙해진 식구들이다.

 양평에 와서 텃밭 가꾸며 산 지 벌써 6년째지만 풀이름은 아직도 어렵다. 냉이 캘 때면 한 포기씩 붙잡고 아내에게 냉이 맞느냐고 연신 묻는다. 아내는 어린 시절 농촌에서 자랐고 그 시절만 해도 딸들은 코흘리개 겨우 면하면 밥 짓고 빨래하고 동생보고 농사일까지 거드는 걸 당연하게 여기던 시절이었다. 아내도 그리 살았고 그래서 꿈도 도시 가서 사는 걸로 일찌감치 정했단다. 공부 열심히 해서 좋은 성적을 거둔 것도 그 꿈을 이루기 위해서였단다. 어린 시절 방학 때 할아버지 댁에서 본 서너 살 위의 막내 고모가 하던 일들을 떠올려 보면 고개가 끄덕여졌다. 도시로 탈출은 성공했는데 나를 만나서 늘그막에 또 흙을 만지며 산다고 투덜대기는 하지만 썩 싫은 눈치는 아니다. 농사일은 당연히 아내가 선배 아니, 선생이다. 그런데 새에 대해서는 아는 게 별로 없었다. 촌에서 새알 꺼내고 개구리 잡아먹고 내에서 물고기 잡는 것은 사내아이들 짓이니 아내가 새 이름에 어두운 건 이상할 일이 아니었다. 채소나 감자, 고구마 키우는 일은 물론이고 꽃이나 나무 이름, 지천으로 깔린 풀이름도 모르는 게 없다. 새에 대해서 모르기는 나도 마찬가지였으나 양평 오고부터 새에 관심을 두었다. 철 따라 날아오는 새들의 사진을 찍어서 인터넷의 사진과 대조하면서 새 이름을 익혔다. 그래봤자 직박구리, 딱새, 박새 정도가 고작이지만.

그러던 어느 날 오후였다. 다급한 날갯짓 소리에 고개를 들었다. 캐노피 아래 공간으로 새가 요란하게 날아들었다. 두 마리였다. 이어서 또 한 마리가 나타났다. 흰 새였다. 두 마리 새는 캐노피 투명 유리에 머리를 부딪치곤 미끄러지고, 다시 균형을 잡고는 또다시 빛을 향해 투명한 유리에 몸을 던졌다. 부리가 깨지거나 날개가 부러질지도 모르겠다는 염려가 될 정도로 격렬했다. 흰 새는 바로 선 채 벌새처럼 앞뒤로 날갯짓하며 정지한 듯 떠 있다. 눈빛에 서늘함이 서렸다. 쫓긴 새들은 비명을 지르며 뚫을 수 없는 투명 유리를 연신 들이받았다. 퍼덕이는 날갯짓 소리, 비명 같은 새 소리가 터널 같은 공간에 가득 찼다. 짧은 시간이 지나고 흰 새는 관심 없다는 듯이 몸을 돌려 어디론가 날아갔다. 두 마리 새는 몇 번 더 목숨을 건 탈출을 시도하다가 위협이 사라진 낌새를 챘는지 차분해졌다. 캐노피를 얹은 벽체 끄트머리에 가쁜 숨을 쉬며 날갯짓을 멈췄다. 꽁무니를 안쪽으로 두고 앉아서, 밑에서는 새들의 머리만 보였다.

 눈에 공포가 가득했다. 숨을 고르기도 전에 내 시선을 위협으로 느꼈는지 다시 날며 부딪는다. 보고 있으면 위험한 몸짓에 끝이 없을 것 같았다. 1~2M만 아래로 내려오면 하늘이 열렸는데, 또 다른 시련이 기다릴지라도 저희가 있어야 할 세상이 있는데 내려올 생각을 못 하는 모양이다. 자리를 피해 주어야 녀석들의 심기를 가라앉힐 수 있을 것 같았다. 자리를 떴다가 궁금증에 금세 돌아왔다. 인기척을 느꼈는지 고개를 당겨 숨어 버린다. 사라진 머리가 하나뿐인 것 같았다. 가까운 곳에서 새의 울음소리가 들렸다. 나뭇잎이 무성해서 보이지는 않지만, 황매나무와 보리수를 오가며 울고 있었다. 그때마다 안에 남은 새도 머리를 쫑긋거리며 답을 하듯 울어댔다. 소리마다 안타까움이 묻었다. 감정 담긴 대화가 사람만이 할 수 있는 일이 아니었나 보다. 어둠이 안개처럼 겹겹이 내려 쌓이기 시작했다. 야행성이 아닌 새들은 밤엔 날지 못한단다. 새들에게 희망의 시간은 쌓이는 어둠에 자리를 내주는 빛처럼 줄어들었다.

 바깥에 비를 피할 공간이 필요했다. 주방 문밖의 공간 위에 캐노피를 얹었다. 캐노피는 빛이 통과하는 투명한 재질로 만들었다. 캐노피를 얹을 때부터 새들이 걱정이었다. 새들이 드나들 수 있도록 몇 군데 구멍을 낼까 생각하다가 비 들이칠까 봐 그만두었다. 참새들이 잘 드나드는 것을 보고 걱정을 놓았다. 쫓겨 든 새는 몸집은 참새만 하나 참새는 아니었다. 겨울이면 마을로 내려오는 산새 중의 하나로 보였다. 산에서부터 쫓기다가 예까지 온 모양이다. 이 녀석들에게는 처음 들어선 낯선 공간이었을 게다.

 두 마리는 한 쌍일까? 신혼여행에서 생애 가장 무서운 밤을 맞은 걸까? 어미와 새끼일까? 캐노피에서 밤을 새운 새의 부리가 노란 거로 미루어 새끼로 짐작된다. 이튿날, 해가 떴고 상황은 달라지지 않았다. 이쯤에서 인간의 개입이 필요할 것 같았다. 사다리를 걸치고 꼭대기까지 올라갔다. 이를 본 새끼는 이리저리 날며 캐노피를 들이받는 통에 새의 안전을 위하여 그냥 내려왔다. 목마르면 물 찾아 내려올까 싶어서 잘 볼만한 곳에 물그릇을 놓아주고 아침 식사를 했다. 밖을 볼 수 있는 자리에 앉은 아내가

"어머! 새가 왔어. 뭘 물고 올라가는데…"

해 뜰 무렵부터 새 한 마리가 이 나무 저 나무 옮겨 다니며 울어댔었다. 아내가 말했다. "어제 그 샌 가봐. 사람들이 왜 새대가리라고 할까? 저렇게 똑똑한데"

어쩌면 가까운 나무에서 밤을 새웠는지도 모른다. 어미 새는 먹이를 물고 와서는 빨래 건조대에 앉아 사방을 살피고는 위로 날아올랐다.

나들이에서 돌아왔다. 새들이 궁금했다. 아내와 캐노피 아래로 갔다. 없다. 발걸음에 울린 물그릇에 물 동그라미가 퍼진다.

"조금 서운하네."

조금도 서운한 것 같지 않은 아내의 목소리가 가벼웠다. 올려다본 하늘은 가없이 푸르고 깊었다. 부모의 학대로 목숨을 잃은 아이의 사연이 며칠째 뉴스 앞머리를 장식하던 무렵이었다.

반에 반하다

 '굿 샷!' 캐디의 외침과는 달리 공은 호수를 향해 곡선을 그리며 날아갔다. 공이 물에 빠지는 소리가 들리지는 않았지만, 방향을 보면 물에 빠졌을 가능성이 크다.
"몸이 덜 풀렸네."
라는 말은 첫 홀에서 자주 듣는 준비 운동이 덜 됐다는 푸념 섞인 핑계다. 다른 사람의 이런 푸념은 듣기에 나쁘지 않다. 한데 내가 그 푸념을 하려니 발걸음도 마음도 가볍지 않다. "사장님. 반반."
 한국말에 놀라서 돌아보니 캐디가 온 낯으로 웃고 있다. 한국 사람들이 가르쳐 준 말일 텐데 경우에 맞게 말하는 것이 신기했다. 공을 잘못 쳐서 속상한 마음이 '반반'이란 말에 반은 가셨다.

'반'이 들어간 말을 생각날 때마다 기록했다. 메모할 수 없는 상황에서 얻은 말은 짧은 글짓기로 기억하든가 어떤 행동으로 기억에 남기려 애썼다. 귀가하던 전철에서 '양념 반 프라이드 반'을 생각했을 때는 아내에게 얼른 시키라고 전화한 적도 있었다. 메모장 서너 쪽을 '반'이 점령했다. '반반'의 반인 '반'만 붙은 말도 적지 않았다. 반신반의, 반인반수, 자의 반 타의 반… 온갖 '반'이 메모장을 채웠고, 열 때마다 '반'들과 눈 맞춤하며 남몰래 웃었다. 반과 관련한 신화, 설화 등도 기록하여 글감 창고가 풍성해졌다.

반은 수학적으로는 1/2이다. '물 반 고기 반'은 양어장에서도 가능하지 않은 유쾌한 사기성 발언이다. 당연히 물과 고기가 각각 1/2은 아니다. '공기 반 소리 반'은 어떤 상태를 가리키는 말인지 알 수 없지만 노래하는 이들 사이에서는 성경 말씀처럼 여긴단다. 그러나 아직 공기와 소리를 각각 50%씩으로 정확히 계량했다는 말은 듣지 못했다. '양념 반 프라이드 반'이란 메뉴는 고르기의 유예, 아니면 두 가지 욕망을 한 번에 채우려는 또 다른 고르기일 것이다. 짬뽕과 짜장면을 반반씩 내오는 '짬짜면'처럼 말이다. 생활에서의 반은 1/2이 아니다.

'반백 살'처럼 '반-'을 접사로 쓸 때는 수학적 1/2을 꼼꼼히 따지지 않는다. '반만년 우리 역사'라는 말이 그렇다. 올해는 단기 4354년이다. 단기는 단군기원의 줄인 말로 단군이 고조선을 세운 BC 2333년을 원년으로 삼았다. 반만년은 수학적으로는 5000년이다. 우리 역사 4354년은 5000년에 훨씬 못 미치지만, 역사 '반만년'이라고 표현해도 귀에 거슬리지 않는다. '4400년 다 돼가는~'이라는 말보다 자랑스럽고 깔끔하다. 나이 50이 채 안 된 사람이 반백 살이라 부풀리는 것도 같은 까닭이니 귀여운 허세로 보아도 좋을 일이다.

한편 '반'을 부족함에 빗대는 말로도 쓴다. 발달이 늦거나 인지능력이 부족한 사람을 가리켜 '칠푼이, 팔푼이'라고 하는데 그만도 못하면 '반푼이'라 낮잡아 부른다. 실제로 반푼이가 존재할 수 있는지는 알 수 없다. 따로 직업이 없거나 수입이 거의 없거나 하여, 백수와 다름없는 상태의 사람을 '반백수'라 부르는 것도 반을 부정적인 쪽으로 당겨쓴 말이다. 반병신, 반쪽도 온전치 못함을 뜻하는 말이다. 반은 상반된 양쪽에 두루 쓰이니 부풀려도 좋고 부족해도 반은 주니 넉넉함이다.

고대 아테네의 희극 작가 아리스토파네스(Aristophanes BC450?~386?)의 '잃어버린 반쪽이'에 대한 농담은 플라톤의 저서 《향연》에 나온다. 옛날에는 사람들이 등도 둥글고, 옆구리도 둥글었다. 팔 넷, 다리 넷, 귀 넷에 머리는 하나였지만 얼굴은 둘이었다. 두 얼굴은 서로 반대 방향을 보고 있었다. 힘이 장사였던 그들이 신들을 공격하는 일이 벌어졌다. 제우스는 신들과 회의하고 살려는 두되 반으로 쪼개서 힘을 빼기로 했다. 그들은 아폴론에게 반으로 잘리는 벌을 받았다. 둘로 자른 후 마주 보게 하였으니, 그로부터 반쪽이들이 다른 반쪽이들을 목마르게 그리워하고 다시 한 몸이 되려고 하였으니 인간 부절(符節)인 셈이었다. 부절은 옥이나 대나무 등을 둘로 쪼갠 신표이니 서로 맞아야 온전해지니 신화는 반의 본능을 알려준다. 반은 나눔이고 그리움이고 기다림이고 믿음이다.

일상에서는 '반'을 '1/2' 의미로 말하거나 이해하지는 않는다. 그런 의미에서 자연이나 자연 현상도 대부분 반반으로 이루어졌다. 낮과 밤, 양지와 응달, 과거와 미래, 남녀처럼 서로 상대적인 것들이 꼭 반이 아닌 반반 정도로 어울려 조화를 이룬다. 사람의 일도 그러하다. 행복과 불행, 사랑과 미움, 전쟁과 평화 그리고 삶과 죽음까지도 반반의 조화가 아니던가? 삶에서는 반이 수학처럼 똑같이 나눈 것의 하나가 아니다. 조금 다른 반이라도 조화를 이루는 아름다움으로 자연을 닮았다.

 어느 인문학 강사의 말이 재미있다. 나이 서른 되였을 때 반은 살았다고 했는데 마흔이 돼서 보니 또 반생을 살았더란다. 쉰이 되니 백세 시대란다. 또 반 살았으니 예순 때도 기대한다나. 반은 스스로 좌표를 갖지만, 또 무언가의 반이기도 하다. 반영구는 영구로 수렴하는 개방성을 가지고 있다. 반은 독립적이면서 '온'의 반이기도 하다. 무엇보다도 반은 황홀하다. 내가 아내에게, 아내가 내게 서로 '반'해서 하나 되었으니, 수학적으로도 나무랄 데 없는 반반이다.

숫눈, 유레카

 벌거벗은 알키메데스의 외침 '유레카'는 앎의 환희를 극적으로 보여주는 일화다. 유레카는 그리스어로 '알아냈다'라는 뜻이다. 며칠 전 ≪우리 말 풀이사전≫을 뒤적이다가 속으로 '유레카'를 외쳤다. '살품'이라는 낱말을 찾았을 때, 아니, 보았을 때라고 해야 하나. '옷과 가슴 사이의 빈틈'이라는 설명과 함께 '그 남자는 후루룩 후루룩 국밥을 먹으며 주막집 아낙의 살품에 흘낏흘낏 눈길을 보냈다'라는 예문이 실려 있었다. 남정네에게 쓰지 않는 말로 어느 정도 성적인 느낌이 있는 말이라고 부연 설명을 해놓았다. 소리도, 그려지는 모양새도 상큼하고 예뻤다. 유레카!

 며칠 뒤 또 한 번의 '유레카'에 끊었던 담배 생각까지 날 지경이었다. 격정을 다스리는 데 담배만 한 것이 어디 있으랴. 흡연 욕구를 겨우 누르고 내리는 눈을 바라보았다. 금세 쌓이는 눈을 보며 기억은 초등학교 3학년 겨울 눈 내린 새벽으로 날아갔다. 부엌과 안방 사이 벽에 간단한 음식을 들일 수 있도록 작은 구멍이 뚫려 있었다. 마당으로 마루를 거쳐서 안방으로 밥상 들이는 어머니의 수고를 덜어주려 아버지가 뚫은 구멍이었다.

'얘들아. 눈 왔네.'

라는 목소리에 번쩍 눈을 떴다. 어머니의 목소리와 함께 밥 익는 냄새와 더운 김이 구멍으로 밀려들었다. 내복 바람에 방문 앞으로 무릎걸음을 했다. 방문을 열지 않고도 밖을 볼 수 있도록 창호지를 잘라낸 격자무늬 한 칸에 어른 손바닥만 한 유리가 붙어있었다. 유리에 바싹 얼굴을 갖다 대니 콧김으로 부예졌다. 손바닥으로 쓱 문지르고 내다보았다. 우물이 있는 조그만 마당이 온통 뽀얀 밀가루 같은 눈으로 덮여 있었다.

 동생들이 깨지 않도록 조심하며 양말도 신지 않은 채 고무신을 신고 대문을 열고 골목으로 나섰다. 낯설었다. 꼬맹이들 떠드는 소리로 가득하던 골목이 아니었다. 어슴푸레한 새벽빛 아래 눈 쌓인 길은 환히 빛났다. 눈이 세상 소리를 다 빨아들였는지 좁아진 골목에는 소리가 사라진 듯했다. 이마를 맞댄 낮은 지붕들이 눈을 이고 더 낮아 보였다. 물에서 나온 새가 깃털을 털 듯 몸이 푸르르 떨렸다. 뭐라도 해야 할 것만 같았다. 발자국 하나를 찍었다. 이내 한 발로 뒤꿈치 자국을 중심으로 발부리를 돌려가며 꾹꾹 밟았다. 국화꽃 한 송이가 눈 위에 피어났다. 뒤처진 눈송이 한 알이 하얀 국화 위에 내려앉았다.

어떻게 글로 표현할 수 있을까? 발자국 하나 없는 눈밭의 깨끗함과 순백의 환함과 숨 막히는 고요를. 학창 시절 작문 시간에 그 새벽의 골목 정경을 글로 써 보려고 몇 번 애쓰다가 말도 글도 가난함만을 깨달아야 했다. 글솜씨 좋은 작가라면 모를까 내겐 어림없는 일이었다. 상(像)으로만 남아서 눈 내리는 날이면 가끔 눈앞인 듯 떠올랐다. 오늘처럼.

눈은 오전 내내 내렸다. 우리말 사전에서 표제어 '눈'을 찾아보았다. 싸라기눈이나 함박눈은 들어 봤어도 '가랑눈, 길눈, 눈설레, 도둑눈, 떡눈, 살눈, 설밥, 소낙눈, 자국눈, 잣눈, 풋눈' 이라니. '들어는 봤나?'라며 놀리는 듯하였다. 그리고 숫눈! 숫처녀, 숫총각의 그 '숫'이다. '눈이 와서 덮인 후에 아직 아무도 지나지 않은 상태의 눈'이 '숫눈'이고 '숫눈' 쌓인 길이 '숫눈길'이다. '밤새 도둑눈이 내려 새벽에 골목은 숫눈길이 되었다' 하면 될 것을 예순여덟 번째의 겨울에서야 알았다. 유레카!

 내친김에 숫눈이 보고 싶었다. 날마다 나서는 산책길. 남한강변 '하늘사랑길'은 평소에도 인적이 드문데 눈길을 마다하지 않고 나올 사람은 없을 듯했다. 가보니 자동차는 다닐 수 없는 길인데 눈 위에 타이어 자국이 어지러웠다. 요란한 엔진 소리가 들리더니 굽은 길 저쪽에서 트랙터가 나타났다. 두 대였다. 꽁무니에 썰매 달린 밧줄을 매었다. 썰매에는 예닐곱 살쯤 되어 보이는 아이들이 하나씩 타고 있었다. 벌써 몇 바퀴를 돌았는지 눈길이 마구 흐트러져 있었다. 높은 의자에 걸터앉아 핸들을 잡은 젊은 사내들의 얼굴에 아비로서의 자랑스러움이 넘쳐났다. 아이들의 환호가 간간이 엔진 소리보다 더 높이 날아올랐다. 그 환호로 아쉬움을 달래며 발길을 돌렸다.

 며칠 후 섣달그믐 전날 밤에 눈발이 또 날렸다. 이튿날 아침 숫눈 같은 건 싹 잊고 산책하러 '하늘사랑길'로 갔다. 울퉁불퉁한 바퀴 자국 위에 내린 눈으로 길은 평평치 않았다. 애써 발끝을 외면하고 시선을 강으로 돌렸다. 거기 너른 눈밭이 있었다. 며칠 계속된 강추위에 강물이 얼더니 그 위에 눈이 쌓인 채 그대로였다. 숫눈이 거기 있었다. 돌아오는 발걸음이 허허로웠다. 살면서 놓친 것들은 얼마나 많았을까? 곁에 두고 멀리 돌아 찾는 일은 또 얼마나 많았을까? 대문을 열고 마당 한가운데 섰다. 잔디밭에 쌓인 눈. 장독대 항아리 뚜껑마다 소복이 내려앉은 눈. 숫눈이다. 유레카! 애면글면 찾던 숫눈은 곳곳에 있었다.

 겨우내 동으로 내달렸던 바람 돌아올 제 눈 녹고 얼음 풀려 강물로 부활하여 흘러도, 숫눈. 너의 이름을 불러서 떠올릴 수 있겠다. 그 겨울의 골목에 머물렀던 시간을.

해피엔딩

 책을 읽다가 내 생각과 비슷한 내용의 글을 보면 반갑다. 유명 작가의 글이라면 으쓱한 기분마저 든다. 유명인과 같은 반열에 올랐다는 착각임을 알지만 그래도 반갑다. 장영희의 수필에서 그런 글을 발견했다.
'나는 원래 영화나 소설도 해피엔딩을 좋아하는데, 현실에서 해피엔딩을 보는 것은 매우 드문 일인지라 아무리 재연이라 해도 기대에 차게 된다.'
는 글이 그랬다. 사유의 깊이가 있는 글도 아닌 평범한 습관 이야기인데 유명인과 어깨를 나란히 하고 싶은 허영심일 거다. 나도 해피엔딩이 좋아서 〈금쪽 상담소〉〈이상한 변호사 우영우〉같은 프로그램을 즐겨 보고 있다. 〈금쪽 상담소〉는 대상 인물의 문제가 반드시 해결되는 결말이고, 〈

이상한 변호사 우영우〉는 예상대로 해피엔딩이라서 편하게 시청했다.

장영희는 2000년 앞뒤로 몇 해 동안 수필가로 칼럼니스트로 활발하게 활동했단다. 월간 《샘터》와 조선일보에 고정 필진으로 활동했다. 그 무렵 나는 승진에 몰두하느라 소설, 수필 등 좋아하는 글과 멀리 떨어져 살던 때였으니 그를 알 턱이 없었다. 그의 책을 읽으면서 고등학교 2년 후배임을 알았다. 그와 동갑인 내 동생처럼 소아마비 장애인임도 알았다. 그런 까닭으로 그의 삶과 글이 각별하게 다가왔다. 장애인으로서 바라본 세상 이야기에 관한 글도 여러 편 있었다. 사춘기를 어렵게 넘긴 동생을 가까이서 보았기에 가슴으로 읽을 수 있었다. 그의 글을 보면서 '해피엔딩'을 소재로 글을 써 보자고 마음먹었다.

'해피엔딩' 네 글자가 머릿속에 똬리를 틀었나 보다. 때와 곳을 가리지 않고 고개를 쳐들고 '뭐 하냐? 뭐 하냐고?' 물어대더니 드디어 '해피'와 '엔딩' 두 개의 단어로 나뉘어 머릿속을 헤집었다. 가볍게 쓸 수 있으리라는 잘못된 생각, 경솔함의 결과는 후회만으로 감당할 수 없음을 아는 데 오래 걸리지 않았다. 문제는 해피가 무엇인지? 어디가 엔딩인지? 소설가나 드라마 작가처럼 내가 결정할 수 있는 일이 아니라는 점이었다. 버리면 그만이고, 버리고 싶은데 그넉 자가 똬리를 풀지 않았다. 털어내려 머리를 흔들면 똬리는 단단해지고 머리만 어지러웠다. 피할 수 없으면 즐기라는 말이 있다. 즐길 수도 없다면? 맞아 죽어야지. '해피'에 맞아서 '엔딩'을 맞는다면 그리 나쁘지는 않겠다. 맞아 죽을 마음을 먹었다. 생각, 생각, 두루 생각해 보자.

 장영희의 글을 다시 읽어 보았다. 그와 생각이 같다는 단순한 이유에서 일어난 생각이니, 그의 글을 다시 정독했다. 문제가 있었다. 행복이 무엇인가에 대한 그와 내 생각은 같은가? 현실에서의 엔딩은 어느 지점인가? 그리고
'현실에서 해피엔딩을 보는 것은 매우 드문 일'
이라는 그의 전제는 타당한가 하는 문제를 발견했다. 해피엔딩을 좋아한다는 공통점 하나만 생각하다가 전제가 다른 것을 놓쳤다. 사람들의 기호를 만족시켜야 하는 소설이나 드라마처럼 현실에서 해피엔딩이 많을 수는 없다. 작가처럼 선택할 수 있는 일도 아니니 그럴 수밖에 없다는 생각이 들기도 한다. 장영희의 전제는 비관에 기울었다. 그의 생각과 달랐음을 깨닫자, 나만의 사유가 갈피를 잡기 시작했다.

고진감래(苦盡甘來)라는 말의 반대편에 흥진비래(興盡悲來)란 말이 있다. 거부감 없이 두 말이 통용되는 것을 보면 감(甘)과 비(悲), 즉 행(幸)과 불행(不幸)은 비슷한 빈도의 일로 보아야 할 것이다. 삶에서 행 또는 불행의 한쪽이 월등하다면 살맛이 나겠는가? 나의 경우 대학 진학은 생각대로 되지 않았다. 4년제 대학을 원했지만 가지 못했다. 국립대학에 가기에는 공부가 부족했고 사립을 다니기에는 가정 형편이 따라주지 않았다. 몇 년을 방황하다가 늦은 나이에 2년제 교육대학 입학했다. 그 입학은 가난과 절망감을 확인한 사건이었다. 시작은 어둠이었으나 교직 생활은 보람 찼고 마무리는 행복했다.

 초등교사가 고등학생을 대상으로 한 선호 직업군의 최상위에 있다는 보도를 몇 년 전에 본 적이 있다. 세상이 달라졌다. 60년대 말, 70년대 초에는 조사 대상 30개 직업 중 30위에 가까웠던 것으로 기억한다. 남학생에게 초등교사는 기피 대상 직업이라 해도 지나치지 않았다. 교육대학 입학 이후로 쉰이 넘도록 고등학교 동기 모임에는 얼굴을 내밀지 않았다. 가까운 친구들과는 만났지만 술 한 잔 하더라도 내가 계산하러 나서면 친구들이 앞을 막아서며 만류했다. 초등학교 선생이 형편이 되겠느냐는 뜻이었다.

 지금은 상황이 역전되어 친구들의 부러움을 사고 있다. 부러움의 중심에는 연금(年金)이 있음을 안다. 하지만 마음속 뿌듯함은 다른 데 있다. 연금도 물론 좋지만, 기관의 장(長)을 지낸 것도 행운이었다. 교장이라는 자리가 하고 싶다고 누구나 할 수 있는 일은 아니지 않은가? 교원 생활에서 얻은 보람과 제자들과의 아름다운 인간관계는 또 어떤가? 환갑을 바라보는 제자들과 지금까지 교유하는 즐거움을 어디다 비교하겠는가. 절망감에서 시작한 원치 않는 출발이었지만 행복한 마음으로 정년까지 마쳤으니 내 삶의 큰 해피엔딩이었다.

 죽음을 제외한 현실의 해피엔딩은 자기 의지로 만들 수 있지 않을까? 행복의 정체는 알 수 없으나 큰 눈금의 자로 넉넉하게 행복을 재고, 행복하다고 생각할 때 엔딩을 외친다면 현실의 해피엔딩은 무한대로 많아질 수 있다. 더 나아가 내가 행복을 정의하고 엔딩을 정하는 내 인생의 작가가 될 수만 있다면 행복이 좀 더 많아지지 않을까? 흔한 말로 '마음먹기 나름'이 아닐까? 기억할 수 없을 만큼 많은 엔딩이 있었다. 해피엔딩도 절대 적지 않았다. 앞으로 만날 엔딩도 그럴 것이다. 남은 엔딩이 많지는 않을 것이다. 그중 하나는 시간에서 해방되어 자유로워지는 마지막 엔딩일 것이다. 그 순간에 미소 지을 수 있는 인생을 만들어 가고 싶다.

멍부 멍게

'내가 나를 모르겠다.'는 푸념을 들을 때면, 누구나 심중에 또 다른 나를 숨기고 있다는 고백처럼 들리기도 한다. 동감이다. '너 자신을 알라'던 철학자는 자신을 잘 알았는지 궁금하다. 그도 그러지 못하니까 한 말인 성싶기도 하다. '너 자신을 알라'는 말은 철학자가 아니어도 누구나 한 번쯤은 생각에 잠기게 하는 명제가 아닐까?

 사람의 심리와 행동에 관한 연구는 서구의 중세 시대를 지나 인본주의가 확립되면서 꾸준히 이어지고 있다. 교육의 효과를 높이기 위한 교육계의 중심 화두였던 이 연구가 요즈음은 기업체나 관공서 등 인적 관리가 필요한 단체에서도 중요한 업무로 다루는 모양이다.

 초등학교장 대상의 연수에 참가하여 MBTI(The Myers-

Briggs Type Indicator) 검사를 한 적이 있다. 결과가 어땠는지 또렷하게 기억이 나지 않는 대신에 강사가 우스갯소리로 한 성격 유형은 지금도 기억한다. 잠재적 교육과정의 효과가 더 크다는 속설이 그래서 생겼는지 모를 일이다. 사람의 능력이나 속성을 '똑똑하다/멍청하다'와 '부지런하다/게으르다'로 대립 항을 설정한다. 하나는 가로축으로 또 하나는 세로축으로 잡아 '+' 형으로 교차시키면 네 개의 공간이 만들어진다. '똑똑하고 부지런하다, 똑똑하고 게으르다, 멍청하고 부지런하다, 멍청하고 게으르다'의 영역이다. 각 영역에서 대립 항의 첫 글자를 따면 각각 '똑부, 똑게, 멍부, 멍게'가 된다. 네 가지 유형 중 내가 교사라면 어떤 유형의 교장이 좋겠는가? 다시 말해서 어떤 유형의 교장과 지내기가 편할까? 하는 질문을 던졌다. 그 반대는 어떤 유형일까? 라는 의문이 이어졌다.

 다양한 - 그래봤자 넷이지만-의견과 반론이 맞선다. 나쁜, 즉 지내기 불편한 교장의 유형은 정답이라고 인정할 수밖에 없는 유형이 있었다. 특별한 설명을 하지 않더라도 어떤 유형 하나에 대부분의 사람이 폭소로 수긍한다. 최악이랄 수 있는 그 유형은 '멍부'다. '멍청한 데다 부지런하기까지…' 강사는 우스갯소리에서 진실을 보라고 그 예를 들었는지 모르겠다. 얼핏 '똑부, 똑똑하면서 부지런한' 유형의 리더는 상처 안 나게 때리는 싸움꾼처럼 교활하게 괴롭힐 것 같지만 그래도 눈치는 볼 것이다. 이에 비해 '멍부'는 마땅한 대책이나 벗어날 방법이 없어 보이기는 한다. 멍청하다는 평을 듣는 사람 중에는 옹고집들이 적지 않은 것도 걱정되는 조합이다.

 사람의 역량을 똑똑함과 멍청함, 부지런과 게으름을 기준으로 판단할 일은 아니다. 이런 문제에서 사람들은 자신을 기준으로 삼는 경향이 있다. 그러니 똑 부러지는 기준도 없을 수밖에 없다. 검증을 거친 성격검사거나 우스갯소리에 가까운 '멍부 멍게' 판정도 사람마다 다름을 인정하고 서로 다른 사람들이 어떻게 조화를 이루며 살 것인지가 목표이지, 또 다른 구별과 차별의 기준을 만드는 것이 목표는 아닐 것이다. 사람을 범주화하는 것은 현대 사회에서 필요한 일일 수도 있겠지만 조금만 깊이 생각해 보면 한 사람 한 사람이 모두 범주이고 유형이 아닐까?

 선생님들이 환영하지 않는 장학사 출신으로 두 학교를 거치면서 7년을 보냈다. 장학사 출신이라는 말을 듣지 않으려고 의도적으로 넉넉한 눈금을 사용하자고 마음먹었지만 불필요한 일이었다. 고래는 칭찬으로 춤추지만, 사람을 춤추게 하는 것은 인정과 믿음이면 충분했다. 넉넉하건 촘촘하건 미리 자(尺)를 준비할 필요가 없었다. 신뢰와 필요로 하는 분야의 지원이면 선생님들은 신이 나고 행복했다. 7년 동안 같이 근무했던 선생님들에게 내가 어떤 사람으로 기억될지는 다른 문제다. 조금은 모자란 척, 느린 척하며 손해 보는 듯이 사는 사람들에게 정이 더 간다. 나도 그렇게 산다고 살았지만, 다른 이들이 그렇게 느꼈는지는 알 수 없는 일이다. 나는 나를 모른다. 다만 그런 사람으로 기억되었으면 좋겠다는 바람이다. 아흐! 그러고 보니 '멍게'네.

그래도 「빗물」

초등학생 시절 통지표는 '…수수우…'거나 '…수수미…'였다. 음악 아니 노래 때문이었다. 음악 이론 시험은 잘 풀었는데 항상 노래 점수가 문제였다. '우, 미'는 다른 성적에 따른 동정 점수였을 것이다. 교사가 되어서 나처럼 노래 능력만 떨어지는 학생에게 곧이곧대로 '양'이나 '가'를 주지 못한 걸 보면 틀림없다.

아버지는 라디오를 즐겨 들었지만, 노래를 부르던 모습은 기억에 없다. 어머니는 가끔 흥얼거리는 것으로 노래를 대신했다. 가장 오랜 기억에 남은 노래는 「방랑시인 김삿갓」이다. 제목이 맞는지 모르겠는데 학교 들어가기 전에 외할머니에게 화투 배우면서 노래도 배웠을 것이다. 라디오에서 「꽃 중의 꽃」이라는 노래가 나오면 신이 났고 따라 부른 것도 같다. 학교에서 음악 시간에 배운 노래를 집에서 부르면 '개 끌어가는 소리' 한다는 핀잔을 들었다. 가르치거나 격려하는 사람은 없고 핀잔만 들으니 노래 부를 일이 없어졌다. 노래와 가까운 집안 분위기는 아니었다. 학교에서도 음악 시간에 다 같이 노래 부를 때면 튀는 소리를 감추려고 목소리를 삼켰다. 가창 시험 때 앞머리만 부르면 '됐다'며 선생님이 중단시켜서 끝까지 노래를 불러본 적이 없었다. 모든 동화책은 나를 붙들고 들어갔지만 그런 노래는 하나도 없었다.

 중학교 2학년 때 초등학교 시절 노래도 괜찮다는 음악 선생님 말씀에 「고향의 봄」을 열심히 연습하여 86점을 받았다. 초등학교 평가라면 '우'에 해당한다. 노래에 조금 마음을 여는 계기가 되었다. 고등학교는 당시 서울에서 유일한 남녀 공학에 진학했다. 기타 치면서 팝송 부르는 친구들은 여학생들에게 인기가 대단했다. 노래 실력이 나와 비슷한 녀석 몇이 한 반이 되었다. 비슷한 우리들은 퇴행적 결의를 했다. 뽕짝에서 활로를 찾기로 했다. 남진, 나훈아를 입에 올리기만 해도 조금은 내려 보던 때였다. 세월이 지나고 대중음악은 다양해졌다. 여러 가수가 많은 노래를 불렀다. 우리 음치들도 발라드, 포크송으로 조금 영역을 넓혔다.

 채은옥의 「빗물」이 듣기에 좋았다. 뽕짝과는 결이 달랐다. 입술 달싹이며 따라 부르는 몇 안 되는 노래 중의 하나다. 시 같은 가사와 허스키한 가수의 음색이 새로웠다. 반주에 섞인 피아노 소리 그리고 노래 뒷부분의 허밍은 빗방울 듣는 소리와 비 오는 정경을 연상케 하는 것이 특히 좋았다. '빗물'을 예상치 못한 곳에서 들은 것은 교사 발령을 받고 직장 생활을 시작했을 무렵이었다. 그때는 극장식 식당 아니면 극장식 나이트로 부르던 곳이 있었다. 넓은 식당 중앙에 무대가 있고 악단과 가수의 연주와 노래를 들으며 식사와 술을 마실 수 있었다. 종로의 '월드컵'이 유명했고 그곳에서는 이주일 코미디도 볼 수 있었.

 강남에 비슷한 유형의 업소가 많았는데 식사보다는 술 마시는 자리였고 파격적인 눈요깃거리의 공연을 볼 수 있었다. 가격이 만만치 않아서 1차로 선술집에서 예열하고 큰 맘 먹고 2차로 가는 곳이었다. 안줏값 아끼려고 누런 봉지에 귤이나 땅콩을 담아 감춰서 들어갔다. 안주는 한 번만 시키고 안주 접시 바닥이 보일 때마다 가지고 간 귤이나 땅콩으로 조금씩 채웠다. 그날 갔던 업소에는 홀 이곳저곳에

서너 개의 유리 부스가 있었다. 부스는 2층에서 출입할 수 있게 되어서 높게 매달린 것처럼 보였다. 앳된 여인들이 부스마다 한 명씩 들어가더니 음악에 맞춰서 춤추었다.

 몇 번 음악이 바뀌더니 검은색 중절모를 쓰고 외투를 걸친 여인들로 교대했다. 음악이 나오자 걸쳤던 외투를 스르르 발밑으로 흘려 내린다. 검은색 짧은 소매, 미니스커트에 빨간색 구두가 환상처럼 나타난다. 이내 채은옥의 촉촉한 목소리가 홀을 채운다. 「빗물」이다. 굽이 높은 구두는 신은 게 아니라 올라선 것처럼 보였다. 붉은 조명으로 바뀌더니 부스 천장에서 몇 줄기 물이 쏟아진다. 여인들의 중절모 위로 내리고 부스 안벽으로 튄다. 재킷과 스커트에 맺힌 물방울이 구슬처럼 반짝인다. 재킷은 벗으려고 입었던 모양이다. 여인들은 하나같이 시선을 내리깔았다. 눈 둘 곳을 찾지 못해 두리번거린다는 것이 부스마다 순례하고 말았다. '어디에선가 나를 부르며' 쯤에서 스커트가 내려갔다. 서양화 속의 이브가 부스마다 탄생했다. 모자 쓰고 구두 신은 이브였다.

 오늘도 비가 내리면 「빗물」을 흥얼거린다. 그 비슷한 추억이 있는 것도 아닌데, 빗속에서 옷깃을 세워주고 우산을 씌

워주며 마주한 남녀의 실루엣을 떠올린다. 보석 송까지는 아니어도 고운 실루엣 하나를 잃었다. 붉은 조명과 물줄기에 젖던 이브들과 가느다란 발목 아래 달렸던 굽 높은 빨간 구두가 먼저 눈앞에 아른거린다. 어쩌랴. 그도 내 젊은 날의 초상인 것을. ~어디에선가 나를 부르며, 다가오고 있는 것 같아 ~ 쓸쓸하게 내리는 빗물~ 빗물~. 조용히 비가 내리네. 추억을 말해주듯이~~~' 돌아보면 아무도 없는 것을.

그 여름의 우화(羽化)

'매미'는 은어(隱語)로 '술집 접대부나 몸 파는 여자를 이르는 말'이라고 사전에는 정의하고 있지요. 아가씨를 두고 영업하던 대폿집을 '매밋집'이라고 했으니, 매미는 술집 접대부 즉 작부(酌婦)를 가리키는 말이었습니다. 술도 따르고 젓가락 장단을 두드리며 노래로 흥을 돋웠기에 매미라 불렀던 것으로 짐작합니다. 지금은 사라진 풍경이 되었지만요.

이 매미들은 여름 한 철 울어대는 집 없는 매미와는 달리 사철 울고 여럿이 모여 사는 집도 있었습니다. 이 매미들은 숲을 떠나고 도심을 떠나서 변두리 동네까지 스며들었습니다. 요즘 같으면 상상도 할 수 없는 일이었지만 그때는 그랬습니다. 매미들은 쇠젓가락으로 찌그러진 알루미늄 주전자나 화덕 상판을 두드리며 '헤~ 일 수 업씨 수마는~ 바믈~'

열었습니다. 속곳 바람으로 드나드는 거친 말씨의 주인 여자도, 노래하는 아가씨들도 마을의 좀 평범하지 않은 이웃이기도 하였습니다. 마을 사람들과 눈인사 정도는 나누었으니까요. 동네 대폿집에는 다른 마을 남정네들이 드나들었고 아마도 우리 동네 아저씨들은 옆 마을 매미를 찾았을 겁니다. 매미로 인해 다툼이 동네에 없었던 것으로 미루어 보면요.

 매밋집을 드나들기 시작한 것은 성년이 되기 전후였을 겁니다. 친구 중의 하나가 살림이 나온 집의 외아들이었지요. 친구는 얼른 어른이 되고 싶어 했지요. 두 집 살림하는 아버지에 대한 반항이었을 겁니다. 단짝이었던 친구들이 기꺼이 동지가 되어 주었습니다. 얼른 어른이 되고픈 마음은 같았으니까요. 친구들은 한동네에 가까이 살았고 나만 집이 멀었습니다. 고등학교를 졸업하고 각자의 생활이 넓어지면서 만나는 횟수가 줄었고 먼 동네에 사는 나는 만나는 게 아무래도 뜸했습니다. 친구들과 자주 만나지 못하니 자연스레 술집을 드나드는 일도 줄었습니다. 그런데 말이지요, 그게 간단하지 않더군요. 단맛 끝처럼 당기는 무언가가 가슴 한편에 숨어 있었나 봅니다.

학과 끝나고 군사 교육까지 마친 늦은 오후의 귀갓길이었습니다. 길가의 대폿집에서 여인의 나지막한 노랫소리가 들렸습니다.

'마~른 이피 한~닙 두~입 떨어지던~'

때는 가을이었습니다. 떡볶이로 유명한 신당동에는 70년대만 해도 극장이 있었고 H 공고 맞은편 큰길까지 이어지는 골목에는 매밋집이 즐비하였지요. 어설픈 노랫소리가 궁금했습니다. 조금 열린 미닫이문 틈으로 한 여인이 처연한 표정으로 밖을 내다보고 있었습니다. 동그란 얼굴과 눈, 끝이 살짝 들린 코가 눈에 띄었습니다. 아직 술청에 손님이 들 시간은 아니었습니다. 무료한 기색이었습니다. 얼핏 눈길이 마주쳤던 것 같기도 합니다. 그냥 지날 수가 없었습니다. 서쪽 하늘에 노을이 붉디붉었거든요. 망설이지 않고 들어갔습니다. 여인이 놀란 눈빛으로 일어섰습니다. 갈라진 지붕 틈으로 한 줄기 햇빛이 여인의 뺨에 쏟아졌습니다. 실핏줄이 내비칠 것 같은 투명한 뺨이었습니다. 그날 이후로 푼돈이 모이면 그 집에 갔습니다. 그녀는 매상을 많이 올리지 못해도 개의치 않았지요. 남도 사투리로 날 보면 고향 오빠가 생각난다고 했고요.

해가 바뀐 뒤에도 잊지 않을 만큼은 들렀습니다. 친구들과 그 집에서 만나기로 한 날이었습니다. 그때는 대폿집을 약속 장소로 정하기도 하던 때였지요. 모여서 같이 오겠다던 친구들은 약속 시각이 지나도 나타나질 않았습니다. 휴대전화가 없던 시절이니 무작정 기다릴 수밖에요. 그녀가 기다리는 무료함을 달래주었지요. 막걸리 한 잔 두 잔 마시면서요. 몇 잔 마시고 나더니 남의 이야기인 양 무심한 투로 이야기를 시작했습니다. 고향, 엄마, 학교 그리고 가난으로 이야기가 이어졌습니다. 이야기가 끊어질 때면 노래를 흥얼거렸습니다. '엄마가 섬 그늘에~' 불안한 음정 사이에 촉촉함과 간절함이 뱄습니다. 이야기도 노래도 멈추게 할 수가 없었습니다. 그녀가 침을 삼키거나 한숨을 내쉬거나 마른 입술을 달싹일 때면 등을 토닥여 주었던 것 같기도 합니다. 나를 닮았다는 오빠 이야기는 없었지요.

 그녀의 이야기를 들으면서 갑작스러운 아버지의 죽음으로 가세가 기울어 학업을 중단하고 공장에 다니는 두 동생의 얼굴이 떠올랐습니다. 여동생들이었다면 지금 어디에서 무엇을 하고 있을까 하는 생각에 내내 가슴이 먹먹했습니다. 그날 친구들과 만남은 신나지만은 않았습니다. 어느새 장난기 어린 얼굴로 술자리 분위기를 돋우는 그녀를 보면서 이런저런 생각에 평소보다 술잔을 자주 비워야 했습니다.

 그해 여름 3주간의 입영 교육을 끝내고 돌아온 서울은 매미들의 울음 천지였습니다. 그리고 그녀는 그곳에 없었습니다. 가까운 동네 어디론가 옮겼다는 이야기를 들었습니다만, 가을이 끝날 때까지 찾을 수 없었습니다. 어쩌면 찾을 수 없기를 바랐는지도 모릅니다. 고향의 오빠는 친오빠였을까? 아니면 그녀를 서러운 서울 하늘 아래로 내몬 첫사랑이었을까? 1974년 여름 나는 성큼 어른이 되었고, 그녀는 사라졌습니다. 도심 플라타너스 등걸에 부서진 꿈처럼 껍질 하나 붙여놓고 '푸루루' 하늘 높이 날아올랐겠지요? 정든 고향으로 날아가 지친 날개를 접고 오빠를 찾았겠지요?

 느티나무 아래 평상에 앉아 있습니다. 느린 부채질로 잠든 손자에게 달려드는 파리를 쫓기도 하고 평상 끝에 걸터앉아 담배 연기를 뿜어대는 영감에게도 가끔 부채 바람 한 점 보내면서 매미 소리에 귀를 기울입니다. 코를 찡긋거리며 웃는 모습이 그날처럼 그려져 가슴에 시린 바람이 입니다. 세상의 끝 같았을 시간일랑 부디 잊었기를 바랍니다. 1974년 여름. 서울. 어느 누이의 우화(羽化)가 있었을 겁니다.

주례의 시작

"선생님, 저는 한 달 뒤입니다."

 허락이 떨어지자 바로 튀어나온 말이다. 화제를 돌릴 틈을 주지 않겠다는 듯 다급했다. 나를 향한 간절한 여섯 개의 눈동자에 대답 대신 웃어 줄 수밖에 없었다. 제자 세 명이 주례를 부탁하며 집으로 찾아온 세 차례 걸음만의 일이었다. 나이 사십 중반에 주례 맡기는 조금 이르다는 생각으로 두 차례나 사양하여 돌려보냈는데 또 걸음을 했다. 아내가 청이 간절하니 서 주면 어떻겠냐는 의견을 냈다. 결국 결심했다. 아내의 부탁도 있었지만, 장가간다는 제자의 말 한마디 때문이었다. 두 번째 방문 때였다.

"선생님. 저 대학 못 갔는데요. 고등학교 때까지 선생님 중에 부탁하고 싶은 선생님이 선생님뿐입니다."

이 말을 믿어서는 아니지만 그리 기분 나쁜 말도 아니었다. 사양하여 돌려보내면서도 '또 오겠지. 다음에는 바라던 답을 주마'고 마음속으로는 작정하고 있었다.

한자리에서 생애 첫 주례와 '한 달 뒤'까지의 주례를 맡았다. '한 달 뒤'는 그동안 제 처지는 한 번도 내비치지 않고 친구의 주례 맡아주기만을 호소했었다. 조마조마한 마음으로 나머지 한 명의 제자에게 물었다. "넌?" 결혼했단다. 다행이었다. 세 건이 아니어서 다행이고, 한 제자는 주례 해결했으니 목적 달성했고, '한 달 뒤'는 손 안 대고 비강(鼻腔)을 비웠으니 만족일 터이다. 결혼한 제자는 동기회 회장으로서 역할을 잘 수행했으니, 모두가 승자였다. 두 건 덥석 받고 남은 제자 하나의 기혼에 즐거워하다니 가벼운 처신이 아닐 수 없다. 아내가 잘했다며 명분을 찾아주고 힘을 북돋워 주었다.

"아들 하나 있겠다, 잘못 산 일 없지 않으냐? 교장, 교감 아니면 어떠냐? 6학년 때 담임선생의 주례가 의미가 있는 일 아니냐? 저렇게 원하는데 더블로 맡았으니, 갑절로 잘했다."며 다독여 주었다.

주례사 준비에 나섰다. 인터넷을 검색하니 주례사가 여럿 보였다. 신혼부부에게 영양가 높을 말은 다 들어있으나 제자와의 추억이나 인생 첫걸음을 격려하는 스승의 진심은 거기 없었다.

'그래. 하자고 마음먹었으면 제대로 해보자. 스승의 기쁨과 축하의 마음을 담아보자'

며 글자와 씨름하기 시작했다. 아내의 조언이다. 길면 안 된다. 신랑 신부 귀에는 안 들리고, 하객은 안 듣는 게 주례사다. 5분을 넘지 말아야 한다는 의견이었다. 첫 원고로 시간을 재보니 5분 약간 넘었다. 길었다. 초고를 여러 번 다듬어 3분에 맞췄다. 3분도 짧은 시간이 아니었다. 또 다른 조언은 '재미'였다. '당신 얘기 재미있게 잘하는 사람이니 할 수 있다'

며 격려했다. 아내가 시간을 재며, 어조·속도·성량·표정까지 훈수했다. 동네 예식장에 들러서 주례사를 듣고 주례의 행동을 살펴보기도 했다. 크게 도움 될 일은 없었다. 밤마다 거실에서 신랑 신부 없는 결혼식을 올렸다. 어머니와 아들이 청부 하객이었다.

작정하고 나니 첫 학교의 추억이 줄줄이 떠올랐다. 한 학년에 한 반씩 전교가 6학급인 서울에서 제일 작은 학교였다. 전교생이 300여 명이었는데 친인척 관계로 엮인 혈연 공동체였다. 몇 안 되는 외지인을 빼면 거의 한 집안이나 마찬가지였다. 말이 서울이지 풍경도 농촌이고 부모의 직업도 거의 농업이었다. 사람들의 말투는 느리고 낮았다. 말뿐만 아니라 걷는 것도 느리고 행동도 급한 게 없었다. 아이들도 그랬다. 소를 닮은 사람들이었다. 학생들도 조그만 운동장에서 학년 구분 없이 어울려 놀고는 했다. 며칠 지나지 않아서 학교와 사랑에 빠졌다. 사람들에 빠졌다. 풍경에 젖었다. 볕 바른 2층 남향 교사(校舍)와 아담한 운동장 그리고 아이들, 마주치면 '안녕하세요?' 소 울음 닮은 목소리로 인사 건네는 마을 사람들. 서울에 이런 곳이 있다는 게 믿어지지 않았다. 동네잔치가 있으면 전 직원을 초대했다. 전 직원이라 해 봤자 학급 담임 여섯 명에 보건교사, 교장, 교감, 행정실 보조 하나이니 10명에 기사 두 사람이 전부였다. 초등학교는 동네 유일한 교육기관이었다. 순박한 동네의 순박한 아이들과 함께 나도 그들을 닮아가고 있었다. 소규모 학교의 근무 연한인 2년을 마치고 아이들 졸업시키고 나도 전근했다. 첫 학교에 대한 추억은 강렬하여 2년에 20년만큼 정이 든 느낌이었다. 가끔 소식 듣고 만날 기회도 있었다. 언제 만나도 6학년 같기만 하던 아이들이 어느새 결혼 적령기가 됐다니 시간이 한꺼번에 건넌 뛴 것 같았다.

 식장은 동창회 분위기였다. 분위기를 즐기지 못하고 식을 마치고 나니 혼자 안개 속에서 헤맨 기분이었다. 뒤풀이 자리에서 엄지 세워 보이는 아내를 보고야 러닝셔츠가 상체에 달라붙은 걸 알았다. 큰 실수 없었다. 작은 실수도 없었다. 목을 축이려 국물 한술 뜨는데 그때야 숟가락이 떨렸다. 옛 학부모들과 인사하고 술도 한잔씩 나누었다. 제자들이 권하는 술잔을 마다하지 않았다. 한 달 뒤의 일은 한번 해봤으니 잘될 것이고 창작 주례사도 있으니 걱정할 일이 아니었다. 부탁 다 들어주길 잘했다. 동료 교사는 물론 고등학교 동기 친구들에게도 주례 섰노라고 자랑했다.

 주례사가 가정을 꾸며 첫걸음 떼는 청춘 남녀에게 축하와 당부의 말로 채워지는 것이니 다른 결혼식이라고 주례사가 크게 달라야 할 이유는 없다. 첫 주례사를 조금 고쳐서 해결하자고 마음먹고 있었다. 그런데 주례사 다듬으려고 책상 앞에 앉으니, 생각도 못 한 문제가 있었다. 두 신랑이 같은 마을에 살았다. 제자들이야 그렇더라도 하객은 어찌 되는가? 다른 마을까지도 다 집안인데…. 한 달 사이 두 결혼식의 하객이 99%는 같을 터이다. 잘 듣지 않는 주례사라 하지만 한 달 사이면 몇몇 구절이나 단어가 같음을 숨길 수 없지 않겠는가? 달리 준비해야 한다. 마음만 바쁘지, 다를 수가 없었다. '한 달 뒤' 신랑의 추억도 한 반 친구와 그 담임이 공유한 추억의 범위를 크게 벗어날 수 없었다. 창작 주례사 조금 바꿔서 천연덕스럽게 두 번째 주례를 마쳤다. 그래서인지 두 결혼식이 한 건인 양 기억에 남았다. 지금은 아파트가 늘어서고 논밭은 사라졌다. 학교도 20학급이 넘는 규모의 학교로 커졌다. 옛 모습은 찾을 수 없는 강남의 요지가 되었으나 제자들과의 추억은 여전하다.

첫 주례는 제자, 같은 학교 선생님, 집안 조카, 친구 자녀의 주례로 이어져 20회를 넘겼다. 주례 많이 하면 복 받는다던데 그날 제자 둘이 복을 더블로 몰고 와서 주례의 길을 넓게 틔어놓았다. 직업적으로 주례를 서는 사람들 아니고선 나처럼 주례를 여러 번 선 사람을 보기 힘들다. 제자들과 값진 인연에 주례라는 귀한 인연까지 겹치니 교사로서 행복이 아닐 수 없다. 주례를 서 준 제자의 수는 주례 횟수보다 한 명 많다. 제자 부부 한 쌍이 있어서다. 그 연유를 밝히려면 주례 이야기 한 편 더 써야 할 모양이다.

건배 삼창

아내에게 드럼을 배우겠다고 넌지시 말을 건넸다. 아내는 드럼 연주하다가 청력에 문제가 생겨서 그만둔 사람도 있다면서 이비인후과 진찰받은 후에 결정하잔다. 청력에 이상이 없으니 가벼운 마음으로 병원을 찾았다. '고막 정상. 달팽이관은 고주파 음 청취에 문제가 있다.'는 진단이다. 노화 현상이란다. 아내가 틈을 놓칠 리 없다.

"드럼 쳐서 귀에 좋은 일 없겠죠?"

이 질문에

"괜찮습니다."

라고 답할 간 큰 의사가 있겠는가? 꿈 하나가 사라졌다.

아내는

"가끔 내 말도 못 알아듣잖아요."

라며 쐐기를 박는다.

"하모니카나 배워요. 나도 가르쳐주고"

위로가 되지 않는 위로다. 노화, 거부할 수는 없지만, 노화도 모르고 죽음을 맞는 사람에 비하면 축복이 아닌가? 주민자치센터의 하모니카 강좌에 등록했다. 선착순이라서 접수 시작하는 오전 9시 전에 서둘러 갔다. 다행히 하모니카 반은 줄이 길지 않았다. 접수증을 손에 쥐니 무슨 합격통지서라도 받은 양 뿌듯했다.

묻어둔 '건배 삼창' 원고가 생각났다. 지난해 초 좋은 일이 세 건이나 겹쳐서 구상했던 글이었다. 그중 일 하나가 예상과 다른 결말이 나는 바람에 완성할 수 없었다. '건배 이창'으로 줄일까도 했지만, 운(韻)이 맞지 않는 것 같아서 그만두었다. 하모니카 일이 잘 풀리니 글을 완성할 수도 있을 것 같았다. 건배 선정위원회가 있는 것도 아니고 내가 선정하여 내 기분 좋아지고자 하는 일이다. 건배할 만큼 기뻤던 일을 찾아보자. 하모니카 이야기에 더할 두 가지야 있지 않을까?

하나는 얼른 떠올랐다. 토요일의 올림픽대로였다. 자동차는 가다 서기를 거듭했다. 그렇게 지루한 운행을 하던 중

차 꽁무니에 묵직한 충격이 느껴졌다. 화물차 운전기사가 머리를 긁적이며 차에서 내렸다.

"졸았어요?"

아내의 꾸짖는 말투에도 대꾸가 없다. 여전히 머리를 긁적이며 미안한 표정으로 종이에 전화번호와 이름을 적어 주었다. 졸았냐는 물음에 행동으로 긍정하고 있었다.

견적 금액이 만만치 않았다. 현장에서 전화번호가 맞는지 확인하지 않은 게 마음에 걸렸다. 걱정과 달리 전화를 받았다. 회사에 알려지면 좋지 않으니, 자비로 처리하겠다고 했다. 수리 끝나면 송금하겠다는 말을 믿고 계좌 번호를 알려주었다. 수리 끝났다고 알리니 '내 차가 박았다는 증거가 있습니까?' 하더란다. 그 말에 불현듯 작년 일이 생각났다. 삼창을 미완성으로 남게 한 사건.

재작년 말 아내는 뜨개질한 아기 모자와 목도리, 웃옷 사진을 인터넷에 올렸다. 주문이 들어왔다. 아내는 첫 주문에 신나서 모자와 목도리를 떠서 보냈다. 수고비가 들어왔다. 손주 크리스마스 선물이라며 아기 옷을 또 부탁했다. 아내는 잠을 줄여가며 정성껏 만들어 날짜를 맞춰주었다. 옷값은 해를 넘겨도 오지 않았다. '직장 끝나고, 예배 끝나고'

라며 미루더니 전화에도 문자에도 응답하지 않았다. 고소장을 내겠다고 하니 답이 왔다. '해외여행 중 문자를 보지 못했다며 내일 입금하겠다.'라는 문자는 아직도 내일로 남아있다. '손주를 끔찍이 사랑하는 할머니'의 송금은 지금껏 없다. 작성했던 고소장은 우리 손자 생각해서 내지는 않았다. 잊자던 일이 떠오르니 올해도 건배 삼창 거리 찾기가 쉽지 않겠다는 생각이 들었다.

 아내는 기사에게 '통화가 녹음되어 있다.'고 말했단다. 다음날 수리비의 절반이 입금됐다. 한 달 뒤 나머지가 입금되었다. '녹음' 이야기하지 않고 그리됐다면 더 좋았을 일이었다. 손재수를 막아서가 아니라 그나마 사람에 대한 믿음을 잃지 않게 해주어서 기뻤다.

 찬찬히 생각해 보면 건배할 일이 적지 않았다. 말도 하지 않았는데 먹고 싶은 반찬이 밥상에 올랐을 때, 채소밭에 물 주려고 나가는데 내리는 소나기며, 한잔 생각나는 날 친구의 저녁 호출. 무심했거나 소소하다고 지나쳤던 일들이 행복으로 다가온다. 날마다 삶이 축복인데 상처 준 사람도 그들과 엮인 일도 잊자. 작은 일에 기뻐하거나 화내지 말고 통 크게 건배하자, 노화도 축복 아니던가?

중요한 건 시간이고 아직 내가 시간 위에 있음이라. 흘러간 시간을 위하여 건배! 지금 이 시간을 위하여 건배! 아직 남은 생을 위하여 또는 낮은 소리로 '늙음을 위하여 거언배!

꿈

꿈속에서 꿈을 꿨다. 별일이다. '꿈을 몰아서 꾼 걸까?'라는 생각도 해보지만 꿈에 목표량이 있는 게 아니니 그도 아니겠다. 어쩌다 꿈을 꿔도 무슨 꿈이었는지 생각나지 않고 꿈을 꿨는지 아닌지 확실하지 않을 때도 있다. 지난밤 꿈도 무슨 꿈인지 생각나지 않는다. 다만 '꿈속의 꿈이 먼저 깨야 할 텐데, 순서가 바뀌면 꿈속의 꿈 안에 갇힐 텐데.' 하는 두려움으로 끌탕을 하다가 깼다.

높은 곳에서 떨어지는 꿈을 자주 꿨다. 외할머니는 키 크는 꿈이라 했다. 그런 말에 솔깃하던 어린 시절에 꾼 또 다른 꿈이 있었다. 아나운서가 되겠다는 꿈이었다. 초등학교 3학년 때 국어 시간이면 가끔 '뺏어 읽기'라는 것을 했다. 한 학생이 국어책을 읽다가 잘못 읽으면 그 부분을 정정한 사람이 이어서 읽는 방식이었다. 선생님은 '틀렸다, 아니다'로 학생들의 주장이 엇갈릴 때만 판정해 주었다. 읽기 놀이에 즐겨 참여했는데 한번 뺏으면 시간이 끝날 때까지 읽곤 했다. 나중에는 내가 읽기 시작하면 선생님이 '거기까지.' 하면서 적당한 분량에서 중단시켜야만 했다. 바르게 읽는 것도 하늘이 주는 재능의 하나인가 보다. 한글을 일찍 깨치고 책을 많이 읽기는 했지만, 따로 읽기 공부를 하지 않았는데 읽는 데 어려움이 없었다. 오래전 일이라 기억이 정확하지는 않지만, 그냥 아나운서들의 낭랑한 목소리가 듣기 좋아서 그런 꿈을 꾸었던 것 같다.

4학년 때 강원도의 자매 학교 어린이회장이 나에게 편지를 보냈다. 자매 학교에 편지를 쓰라는 숙제가 있었다. 숙제라서 써서 보내고는 잊고 있었는데 답장이 온 것이다. 숙제 한 사람이 전교에 나 하나뿐인 모양이었다. 답장을 들고 교무실 한구석에 세워진 마이크 앞에 섰다. 전교에 방송된다는 것을 생각하자 편지지를 든 두 손이 와들와들 떨렸다. 목소리도 마구 떨렸다. 수업을 마치고 집으로 돌아가자 약수동 골목의 영웅이 되어 있었다. 하지만 첫 방송의 무서운 떨림은 기자로 꿈을 바꾸게 했다.

중학교 때는 신나게 놀았다. 야구 명문 학교였기에 동대문 야구장에 단체 응원가는 날이 많았다. 단축 수업만으로도 신났고, 응원에 빠져들다 보면 공부 걱정 따위가 들어 설 자리는 없었다. 돌이켜보면 편한 마음으로 실컷 놀았던 유일한 시기였다. 결과는 고등학교 입시 낙방이었다. 재수하면서 같은 처지의 친구들과 몰려다니며 신성일, 엄앵란 주연 영화는 거의 다 봤다. 영화관의 어둠은 소속 없는 소년들의 은신처로 제격이었다. 시장통 영화관은 동시상영에 조조할인까지 해주니 가난한 청춘들의 낙원이었다. 축축한 어둠 속에서 세상을 간 보며 순수의 꺼풀을 하나씩 벗었다. 영화 속 여주인공의 자태는 덜 익은 수컷들의 춘정을 일으키기에 충분했다. 세상이 온통 들뜬 봄날 오후 같은 나날이었다.

6학년, 졸업을 앞둔 진학 상담 때 담임선생이 '얘는 선생을 하면 잘할 것 같다'라고 말했다는 것을 나중에 어머니에게 들었다. 부모님은 '사범' 자만 들어가면 졸업과 함께 선생이 되는 것으로 알았다. 재수 끝에 '서울사범대학부속고등학교'에 입학했다. 부모님은 이미 폐교된 '서울사범학교'로 알고 합격을 기뻐했다. 고등학교에서는 특별활동으로 도서반에 들었다. 초등학교 3학년 때 같은 반 친구네에 있던 세계 명작전집 50권을 만나면서 책 읽는 재미를 알았다. 그때의 기억이 책을 접하기 쉬운 도서반을 망설임 없이 선택하게 했다. 그러나 1년간의 재수 생활 때문인지 틀에 잡힌 학교생활에 적응이 쉽지 않았다. 입학한 해의 초겨울에 아버지가 세상을 떴다. 아버지의 부재는 일탈의 핑계가 되었다. 고등학교 2학년 전후의 1년여는 꿈도 없었다. 아니 막연하게 소설가를 꿈꿨던 것 같기도 하나 꿈을 이루기 위한 노력은 조금도 하지 않았다.

 국립대에 원서를 넣었다. 사립대학의 학비가 부담스러워 성적이 모자라는 것을 알면서도 국립대학을 지원했다. 다녔던 고등학교는 졸업생 대부분이 SKY대학이나 후기 명문대에 진학하는 학교였다. 학교와 집 밖으로 돌며 거리에서 흘려버린 시간은 생각지도 않고, 뻔한 결과를 알면서도 그 문 앞에 선 것이었다. 대학 진학에 2년 연거푸 실패하고 후기 입시를 치르고 어느 사립대학에 입학했다. 학비도 만만치 않았고, 적성을 무시한 학과 선택으로 1년 만에 학업을 이어갈 의지를 잃었다. 입영과 가정 형편을 놓고 결단해야 했다. 늦은 나이에 병역 혜택이 있는 교육대학에 입학했다. 돌고 돌아서 6학년 때 담임이 짚어준 운명과 만났다.

학교에서 동료 여교사를 만나고 결혼하여 아이를 낳아 길렀다. 아이는 부모 품을 떠나서 짝을 만나고 제 아이를 낳았다. 정년까지 학생을 가르쳤다. 부모님도 떠나고 이불 속을 기어다니며 철없이 깔깔대던 동생들도 늙었다. 격정의 젊음과 중년의 무게를 함께 헤치고 나누던 친구 중 몇은 떠나고 남은 친구들은 잊을 건 잊어가면서 우정을 이어간다. 지금은 이들과 느린 발걸음 맞추는 마감의 시간이다. 제자들도 어느새 환갑을 바라보는 나이가 되었다. 돌아보면 이들과 엮어내던 수많은 시간이 꿈만 같다. 아니 정녕 꿈인가? 삶은 몇 겹의 꿈일까? 깨지 않은 꿈이 있다면 그 꿈은 어디쯤 가고 있을까? 잠들면 다시 그 꿈에 갈 수 있을까? 그 꿈도 나의 꿈일까? 꿈같은 추억은 그때도 꿈이었을까? 지금은 미래의 꿈인가? 꿈같은 지금인가?

 많은 꿈을 꾸며 여기까지 왔다. 요즈음엔 별로 꿈을 꾸지 않는다. 언제부터 꿈꾸는 걸 잊었을까? 꿈이란 게 있기나 한 걸까? 늙는다는 건 나이와 상관없이 꿈을 잃는 것 또는 꿈꾸기를 잃는 것 아닐까? 꿈 깬 새벽, 머리맡에 읽다 잠든 책이 펼쳐져 있다. 이불을 당겨 어깨를 덮으며 책장을 넘긴다. 책갈피엔 아직 꿈이 남아 있을까?

사랑마을

경기도 가평에 '설악면(雪岳面)'이 있다. 많은 사람이 '설악' 하면 강원도의 설악산이나 설악동을 떠올린다. '가평 설악'이라고 하면 "가평에도 설악이 있어요?"라며 되묻는 이들이 적지 않다. 면의 동남쪽 보리산 서쪽 끝자락에 '사랑마을'이 있다.

퇴직 전부터 전원생활을 꿈꾸었다. 아내가 따라나서지 않으면 혼자서라도 결행할 생각이었다. 내키지 않아 하던 아내가 전세로 살아보고 결정하자는 타협안을 냈다. 물색 끝에 사랑마을을 찾았고 전셋집을 얻었다. 아내는 스위스 산골 마을 같은 분위기가 좋다고 하였다. 나는 마을 이름에 끌렸다. 속삭이듯 한자씩 소리 내어 본다. '사!' 가볍게 입술을 열면 그 사이로 입 안의 공기가 사르르 빠져나간다.

시냇가의 젖은 모래를 밟는 소리를 닮았다. '랑!' 입이 조금 더 벌어지며 혀끝이 입천장에 닿는다. 비강에 작은 울림이 인다. 다물지 못한 입 안에 긴 여운이 머문다.

 마을 입구에서 올려다보니 'F'자를 거울에 비친 모양의 단순한 길과 빨강·파랑 지붕을 인 집들이 길 양편으로 띄엄 띄엄 자리 잡고 있었다. 마을을 세로로 가르는 하나뿐인 길은 가팔라서 곧추선 듯 보였다. 셋집은 첫 번째 삼거리, 마을의 중간쯤이었다. 단풍철에 이사하였다. 아들과 며느리도 마을이 예쁘다며 좋아했다.

 며칠 후 K대 김 교수 집에서 차 모임이 있었다. 우리 내외 환영의 자리였다. 여섯 부부가 모였다. 인사를 나누려는 참에 작은 키에 얼굴빛이 희고 구레나룻이 짙은 사람이 웃음 띤 얼굴로 다가왔다.

"아니! 윤형 아니시오?"

 이내 누구인지 알아볼 수 있었다. 40여 년 전 교원 연수 단원으로 대만에 함께 갔었던 이 선생이었다. 같은 방을 쓰면서 가깝게 지냈는데 귀국 후에는 같은 서울에 근무하면서도 만나지를 못했다. 뜻밖의 장소에서 만나니 놀랍고 더 반가웠다. 이 선생의 소개로 마을 사람들과 인사를 나누었다.

아랫집 서 선생 내외만 빼곤 모두가 서울에서 근무했던 부부 교사들이었다. 서 선생 남편은 큰 기업에 다니다 퇴직하였다고 한다. 그만 '김 사장'이고 다른 사람은 모두 '○선생'이었다. 또래에 같은 길을 걸었던 사람들이어서인지 금방 가까워졌다. 바로 답례 날짜를 잡았다.

 부인들은 주방에서 점심 준비를 하며 수다와 함께 웃음꽃을 피웠다. 웃음꽃은 식탁까지 이어졌다. 여고 동창 모임 분위기였다. 자못 상기된 모습들이 예뻐서 놀림조로 '여고생'들 같다고 하였더니 물색없이 좋아들 하였다. 다음부터는 뻔뻔하게도 볼까지 붉혀가며 여학생을 자처하곤 하였다. 봄이면 다래 순과 오디를 땄고 쑥을 캤다. 가을이면 잣과 은행을 주우면서 산을 누볐다. 소풍 가는 아이들처럼 흥에 겨워 어울려 다녔다.

 그 겨울 사랑마을은 설국(雪國)이 되었다. 겨우내 눈 내린 날이 스무나흘이었다. 설악이라는 이름이 붙은 까닭을 알 수 있었다. 설경은 좋았지만, 눈을 치우지 않으면 당장 길이 막혔다. 출근할 사람은 없어도 장도 보고 머리도 하고 이래저래 읍내 나갈 일은 늘 있었다. 얼어붙기 전에 바로 눈을 치워야 했다. 치운댔자 빗자루와 넉가래로 길가로 눈을 밀어내어 차 한 대 겨우 다닐 정도의 길을 내는 것이 고작이었지만. 아랫집 김 사장은 혼자서 집 앞 눈을 치우고는 위로 올라오면서 또 눈을 치웠다. 내려가면서 치우기도 수월치 않은데 김 사장은 거꾸로 오르면서도 손이 쟀다. 맨 꼭대기 끝 집인 이 선생 내외는 내려오면서 눈을 치웠다. 그 옆집 문 선생 내외가 거들며 같이 내려왔다. 대문 안팎의 눈을 거의 치울 때쯤이면 자연스레 아래서, 위에서 우리 집 앞으로 모이게 되었다. 그때쯤이면 앞집 여자 김 선생(내외가 다 김 선생)이 모락모락 김이 오르는 커피나 산국차(山菊茶)를 내왔다. 덜 쓸린 눈가루가 햇빛에 반짝이는 길 위에 노상(路上) 찻집이 펼쳐졌다.

 눈 치우고 돌아서기가 무섭게 또 내려서 종일 길 위에서 보낸 날이 있었다. 그날 가파른 길에서 넉가래로 눈을 밀다가 고르지 않은 시멘트 바닥에 걸리면서 넘어졌다. 넘어지면서 짚은 손목이 시큰하더니 병원 신세를 지게 되었다. 나뿐이 아니었다. 아내, 문 선생 내외, 앞집 여자 김 선생들도 크고 작은 부상으로 며칠 동안 한 차로 병원에 다녔다. 다치지 않은 이들이 오히려 부러워했다나?

 응달의 눈도 사라질 즈음 전세 기간이 끝나가고 있었다.

그새 한 해가 지나고 또 한 번의 가을과 겨울이 지났다. 땅 일구어 채소 키우고 꽃을 피워 내는 재미를 알았다. 사람과 사람 사이가 가까운 삶이 좋았다. 전원생활을 계속하기로 작정했다. 마을 사람들은 사랑마을에 집을 짓고 남기를 바랐다. 그렇게 하고 싶은 생각도 없진 않아서 쉽게 결정하기 어려웠다.

 서울 생활을 청산하자니 생각이 많았다. 살면서 다 좋거나 모두 나쁜 일은 없듯이 전원생활도 다 좋은 것만은 아니었다. 대중교통편이 마땅치 않아서 서울 왕래가 힘들었다. 십 리를 나가야 서울 가는 버스가 있었다. 그마저 단일 노선이었다. 승용차는 고속도로 통행료가 만만치 않았다. 주말이나 관광 철에는 차량 정체가 종일 이어졌다. 문제는 또 있었다. 사랑마을은 북향이었고 눈은 자주 내렸다. 길이야 겨우 낸다지만 쌓인 눈은 4월까지 녹지를 않았다. 눈 치우기는 추억도 남겼지만, 상처도 남겼다. 나이 더 먹으면 감당하기 어려운 일이었다. 아내와 의논 끝에 사랑마을과 가까우면서 따뜻한 곳을 찾기로 했다. 쌓인 정이 현실의 벽을 넘지 못 한 셈이어서 마음이 착잡했다. 우리가 마을을 떠나고 얼마 뒤 앞집 김 선생 내외도 외손녀 양육하러 대전으로 떠났다.

 오랜만에 사랑마을 이 선생을 찾았다. 집은 새 이웃들이 들었다. 새로 지은 집도 두 채나 되었다. 사람은 늘었는데 오가는 정이 예전 같지는 않은 눈치다. 불과 2, 3년 전의 일인데도 그리운 시간이 되어버렸다. 할머니들이 여학생이 되기도 하는 마법 같은 시간이 다시 사랑마을에 깃들기를 바라면서…. 마을 길을 빠져나왔다.

4부. 좋은 데 사시네요

중복 이야기

 이름은 '중보기'라도 무방하고 '중복'이라도 상관없었다. 어차피 녀석의 이름은 아닐 터이다. 그렇다면 '중보기'로 하는 게 낫겠다. '중복'으로 했다가 그날이 제 명줄 끊기는 날이란 걸 혹시라도 녀석이 눈치채고 가출한다든지 극단의 선택을 하면 개 주인이 나에게 책임 추궁할지도 모른다.
 녀석을 처음 본 건 아침 햇볕 따뜻하던 봄이었다. 동네 빈터에 복분자·마늘·콩 농사를 짓는 영감이 올 농사 궁리라도 하는지 담배 연기 폴폴 날리며 밭머리에 앉아 있었다. 옆에는 갓 젖 뗀 성싶은 조막만 한 강아지 한 마리가 쪼그려 앉아 주인 영감과 같은 방향을 보고 있었다.
 "심심해서 키워 보려고 하나 얻어왔어요." 묻지도 않았는데 혼잣말처럼 중얼거린다. 그 뒤로 영감 발치에 얼쩡거리던 녀석을 몇 차례 본 듯도 하였으나 곧 잊었다. 할 일 적은 백수라도 남의 강아지에 유념할 까닭은 없었다.

 며칠째 무더위가 극성을 부리던 날 외출에서 돌아오는 길이었다. 차를 세우고 트렁크에서 짐을 내리려는데 뒤에서 개가 그르렁대는 소리가 들렸다. 놀라서 돌아보니 그 녀석이었다. 제법 성견 티가 났지만 꾀죄죄한 모습이며 힘없이 그르렁대는 낮은 소리며 겅중겅중 걷는 걸음이며 어디에서도 뼈대 있는 가문의 징표는 찾을 수 없었다. 견종에 대해서 잘 모르지만, 개 중에도 기품과 우아함을 뽐내는 녀석들이 있는데 '중복이'에게는 어느 한 군데 그런 구석이 없어 보였다.

 개도 주인을 닮는다더니 귀티는 안 나도 순박한 눈망울에 약간 눈치 없어 보이는 표정이 영락없이 주인 영감을 빼닮았다. 불쑥 나타난 녀석에게 경계심을 가질 수밖에 없었다. 짐을 들지 않은 한쪽 팔을 휘저으며 저리 가라고 쫓는 시늉을 하는데

"괜찮아요. 안 물어요."

라는 느긋한 영감의 목소리가 들렸다. 그 느긋함에 기분이 상했다. 두려운 표정으로 엉거주춤 개를 쫓는 모습을 보인

것도 속상했다. "개를 집 안에서 키우셔야죠."

 감정을 누르고 애써 편안한 목소리로 한 마디 던졌다. 지켜보던 아내를 앞세우고 여전히 뒤쪽에 신경을 쓰면서 대문으로 향했다.

 다음 날 아침 마당과 텃밭이며 울 밖을 둘러본 아내가 내게 마뜩잖은 얼굴로 말했다. 담장 옆 도로에 배설물 한 무더기가 있는데, 아무래도 영감네 개가 한 짓 같단다. 아침에 혼자 마을 길 돌아다니는 꼴을 봤단다. 증거가 없으니, 영감에게 뭐라 할 수도 없고 더러운 건 내 집 주변이니 치울 수밖에 없었다. 집 안 잔디밭에 길고양이 배설물도 매일 한 차례씩 치우는 데다가 옆집 개의 것까지 치워야 하나 생각하니 부아가 났다. 증거를 잡아서 풀어놓지 않겠다는 다짐을 받아야겠다고 생각했다.

 그날 분꽃 필 무렵 애완용 작은 개를 기르는 동네 마나님과 밭을 살피러 나온 아랫집 아주머니를 집 앞에서 만났다. 저녁이면 한 차례 개를 데리고 동네길 산책하던 마나님은 큰 개가 해코지할까 봐 산책을 그만두었단다. 아랫집 아주머니도 대문을 열어둘 수가 없다고 불만이었다. 요즘 개를 풀어 기르거나 목줄로 묶어서 다니지 않으면 개 주인에게

법적으로 책임을 묻는다는 얘기를 들었지만, 이웃 간에 그렇게까지 말할 일은 아닌 듯해서 잠자코 지냈는데, 여러 사람의 의견이라면 전달해야 마땅하지 않겠는가! 다음날 영감을 만나서 마을 사람들의 불편함을 전했더니 개를 풀어놓지 않겠다는 약조를 하면서 어차피 중복 때까지만 데리고 있을 것이란다. 윗마을 사람들에게 중복에 넘길 텐데 피부병이 생겨서 좀 풀어놓았단다. 중복까지가 아니라 단 하루라도 남에게 피해를 주어서야 되겠느냐는 말을 겨우 참고 돌아섰다. 그날 이후로 녀석을 '중복'이라 부르기가 께름칙했다. 녀석 죽을 날을 이름으로 부를 수야 없지 않은가? 대신 '중보기'라고 부르기로 했다. 녀석 귀에는 그게 그거겠지만.

 영감은 혼자 산다. 마누라와 이혼했다는 소문도 들리고 아들과 시집간 딸도 자주 오는 것 같지는 않았다. 상주하는 가족이라곤 털이 뭉텅뭉텅 빠져서 벌건 살이 여기저기 드러난 볼품없는 녀석, '중보기'가 유일한 셈이었다. 어쨌든 중복까지라니 어쩌겠는가, 기다릴 수밖에. 며칠 후 또 일이 터졌다. 약조 뒤로는 영감이 외출할 때는 대문을 닫아걸어 녀석을 집안에 가두었다. 약속을 지키려는 모습을 보인 것이었다. 어느 날 잔디를 깎으며 밖을 보니 영감 차가 안 보였다. 녀석을 가두고 나갔으려니 짐작하고 대문을 열어놓은 채 잠깐 쉬러 들어갔다가 나오니 일이 벌어졌다.

 텃밭 쪽에서 '중보기'가 유유히 나타나더니 나를 보고는 꽁지가 빠져라 제 집으로 도망쳤다. 언짢은 예감이 들었다. 아니나 다를까 녀석이 나타난 텃밭 쪽 산뜻하게 깎아놓은 잔디 위에 무언가가 모락모락 김을 피워 올리고 있었다. '중보기' 그 녀석의 짓이 틀림없었다. 당장 영감네 집으로 쳐들어갔다. 그새 영감 차가 들어와 있으니, 집에 있을 터였다. 낮잠을 자고 있었는지 파자마 차림으로 나와서 얘기를 듣더니 웃음기 어린 얼굴로

"아! 그놈이 언제 또 나갔나. 묶어 놔야지."하고는 그만이다. 어이가 없어서 바라보고 서 있었더니 예의 그 '중복까지만' 타령이었다. 아내가 그깟 일로 다툴 것 없다며 잔디밭의 배설물을 치웠다. '중복까지만' 이야기를 듣고부터는 불쌍해졌단다. 중복이 얼마 남지 않았는데 참으란다.

 드디어 중복! 며느리가 해산한 지 한 달밖에 안 돼서 복놀이는 생략하였다. 대신 삼계탕으로 산후 보양 겸 복달임을 하고 집으로 돌아오는 길이었다. 차가 마을 어귀에 들어서

자 문득 중보기의 거취가 궁금해졌다. 영감 집 담 밑으로 걸어가는 기척에도, 일부러 발을 굴러 봐도 낮은 소리로 그르렁대는 녀석 특유의 반응이 없었다. '중보기가 중복에 갔구나.' 생각하니, 겸연쩍은 표정으로 겅중거리며 돌아다니던 모양새가 떠올라 마음이 짠했다.

 이튿날 새벽 호박밭 옆에 담배 한 개비 꼬나문 영감이 언제나처럼 쪼그려 앉아서 동쪽 하늘을 바라보고 있었다. 그 곁에는 그 봄날의 풍경처럼 '중보기'가 쭈그려 앉아 영감과 같은 하늘을 바라보고 있었다. 묻지 않을 수 없었다.

"이 녀석이 살아 있네요?"

녀석 앞에서는 차마 대놓고 '중복'이라 부를 수가 없었다.

"비쩍 말랐다고 안 가져가네요."

 무심한 듯 대꾸하면서 영감이 투박한 손으로 '중보기'의 머리를 쓰다듬었다. '중보기'가 영감의 무릎께에 제 머리를 문질러 댔다. 동쪽 하늘 새벽 놀이 유난히 붉던 날이었다.

막걸리 한 잔

　요즘 텔레비전에서는 여러 방송국이 앞다투어 트로트 경연대회를 방송하고 있다. 뽕짝, 성인가요, 전통가요 등으로 낮잡아 불리던 음악 장르인데 이제는 '트로트'라고 정리된 모양이다. 방송국의 주요 프로그램이 될 정도로 젊은이들에게도 인기가 있는지 모르겠으나 친구들과 대화에 한 꼭지로 끼는 걸 보면 나이 든 축에서는 관심을 가지고 시청하는 모양이다. 한바탕 여성들의 경연이 벌어지더니 짐작대로 남성 대회가 이어졌다.

　어느 방송국 프로그램에서 젊은 가수가 '막걸리 한 잔'이라는 노래를 불렀다. 막걸리 하면 떠오르는 구수한 이미지의 외모도 아닌데 구성지게 불러대는 것이 듣기 좋았다. 마지막 부분에서 마이크를 잡지 않은 팔을 한껏 앞으로 내다가 어깨 쪽으로 들어 올리더니 이내 만세 부르듯 비껴서 쳐들며 끝내는 모습이 '막걸리 한 잔'이라는 마지막 가사와 잘 맞아떨어진다. 청년은 좋은 성적으로 대회를 마쳤다.

 기분 좋게 노래를 감상하며 막걸리에 얽힌 추억이 떠올랐다. 막걸릿집을 뻔질 드나들던 시절, 기억도 아득한 20대였다. 서울 시내에 통닭집이 생기던 무렵이었다. 유리창 너머로 막대에 꿰인 벌거벗은 닭이 빙빙 돌아가며 기름을 떨구는 모습은 보기만 해도 군침이 돌았다. 그러나 그때만 해도 닭은 아무 때나 먹을 수 없는 귀한 놈이었다. 게다가 통닭집에서는 주로 맥주를 팔았으니, 어른이라도 주머니가 넉넉한 사람이 아니면 드나들기 어려웠다. 적은 돈으로 출출함을 메우기에 만만한 데는 주전자로 막걸리 됫술을 파는 선술집이었다. 거나해지면 젓가락 장단에 한껏 뽑던 노래가 뽕짝 아니 트로트였다. 당시 막걸리는 마시고 나면 머리가 아프기도 했거니와 쉴 새 없이 트림이 터졌다. 그 냄새라니…. 버스라도 탈라치면 옆 사람 보기가 민망할 정도로 고약했다. 카바이트로 익힌다는 말도 있었고, 제대로 발효됐을 리가 없다.

 이런저런 이유로 막걸리를 차차 멀리하게 되었다. 대신에 가격도 괜찮고 얼른 취기를 올릴 수 있는 소주를 마셨다. 나물이나 전 대신에 남의 살로 안주를 삼을 만큼 조금은 나아진 형편도 한몫했다. 어쨌든 막걸리보다는 소주가 대세를 이뤘다.

요즘은 다시 막걸리를 즐긴다. 소주 도수가 낮아졌다고는 하나 이제 힘에 부친다. 소주로 고량주, 맥주, 와인으로 돌고 돌아 막걸리로 돌아왔다. 막걸리 맛이 좋아진 것도 한몫했다. 옛날처럼 트림이 나지 않는다. 지역마다 좋은 술을 내놓는다. 양평의 대표 술은 지평막걸리다. 양평에 터를 잡기 전에는 지평막걸리를 몰랐다. 집 지을 때 공사하던 인부들에게 지평막걸리가 맛있다는 얘기를 듣고서야 알았다.

조그만 텃밭이지만 밭일하다가 목 축이는 데는 막걸리가 제격이다. 밭일할 때면 막걸리 한두 병을 미리 냉장고에 쟁여 놓는 버릇이 들었다. 요즘은 서울에서도 지평막걸리를 볼 수 있고 찾는 사람도 많다. 지평 막걸리가 많이 팔린다고 내게 득 될 게 있으랴마는 그래도 옆 좌석 손님들이 이름을 콕 집어서 '지평 막걸리'를 청하는 걸 보면 기분이 좋고 속으로 '술맛 좀 아네.'라며 양평 사는 게 은근히 뿌듯한 마음이 들기도 한다. 술자리에선 슬며시 지평막걸리를 권하고, 양조장서 보고들은 얘기를 들려주면 좋아들 한다. 이런 게 애향심인가? 내 사는 곳에 명주 하나쯤 있는 것도 좋은 일 아닌가!.

트로트 하나에 생각 여행이 길어졌다. 양평에 자리 잡은 지 6년. 새로운 인연도 많이 맺었다. 있던 인연도 정리할 나이에 새로운 인연을 맺는 게 번거롭지 않을까 하는 생각도 없지 않았다. 그러나 살면서 맘대로 되는 일이 얼마나 있을까? 다가오는 인연을 피하지 못할 바에야 긍정적으로 받아들이기로 했다. 읍사무소, 문화원, 평생학습센터에서 마련한 문화 강좌에도 참석하고 거기서 또 사람들을 만나고 정을 나누며 산다. 동네에서 대학 후배, 중학교 후배도 만나서 함께 늙어가며 즐기는 기쁨도 있다. 막걸리도 그 인연 중의 하나가 됐다.

양평 살면서 누리는 게 많다. 유서 깊은 산과 마을, 유장하게 흐르는 남한강과 맑은 공기, 오순도순 어울려 살아가는 사람들 그리고 막걸리! 참. 담배도 예 와서 끊었지. 양평이 좋다. 이만하고 한 잔 쭈~욱 들이킬 꺼나! 막걸리~이 한 잔!

양평군자(楊平君子)

 안개가 자욱했다. 마을 어귀 교회의 첨탑은 보이지 않고, 십자가 빨간 불빛만 허공에서 반짝였다. 감나무를 살펴본다. 지난해에는 감이 한 개도 열지 않아서 속상했는데 올해는 별충이라도 하려는지 가지가 휘도록 감이 주렁주렁 열렸다. 올 감나무는 풍성해서 보기만 해도 마음이 넉넉하다. 몇 가지는 부러질까 봐 받침대를 고였다. 하루에도 여러 차례 눈길이 간다. 주황색 저녁놀과 익어가는 감빛이 서로 닮아 따뜻해서 해 질 녘이면 한참씩 감나무 곁을 서성였다. 그럴 때면 감빛으로 늙어가고 싶은 소망을 노을빛 머금은 구름에 슬쩍 얹어보기도 했다.
 감나무 가까이 다가가자, 기척에 놀란 새들이 푸드덕대며 쏟아져 나왔다. 물까치다. 수평으로 튀어나와서는 안개를 털어내며 새벽하늘로 날아올랐다. 스무 마리쯤 되려나? 다시 날아드는 무리도 있어서 수를 헤아리기 어려웠다. 새벽과 안개와 새들이 한 가지 색이다. 하아! 저 많은 녀석이 감을 쪼아대면 먹을 게 남아나겠나 싶다. 까치밥을 남겨 놓는 게 아니라 내 밥 좀 남겨놓으라고 까치에게 사정해야 할 판이었다. 지인 내외와 골프 약속이 있는 날이었다. 티오프 시간에 대려고 새벽부터 서둘다 보니 안개 짙은 새벽 풍경을 덤으로 감상했다.

 골프장 가는 길 내내 안개가 차창으로 끊임없이 달려와서는 차창을 타고 뒤로 미끄러졌다. 차는 안개의 중심을 향해 달렸고 안개는 쉬 중심을 내주지 않았다. 목적지에 닿아서야 안개는 물러나고 중심도 사라졌다. 옅은 습기 몇 가닥 옷소매에 남기고 안개는 올 때처럼 시나브로 사라졌다. 안개의 기억도 사라진다. 안개 속을 날아오르던 새들이 지난 밤 꿈처럼 떠올랐다. 비상이 아니라 반투명 물살을 가르는 유영이었다. 그래. 까치는 반가운 소식 또는 손님의 예고라지. 안개는 잊고 까치만 설렘으로 남았다.

 설렘에 응답이라도 하듯 부채가 돌아왔다. 손잡이 부분이 윗부분을 잘라낸 편지 봉투에 꽂힌 채였다. 동인전에 출품

하여 문화원 전시장에 걸었던 접부채다. 부채를 펼치면 연과 연 사이에 할머니와 손자를 그려 넣은 2연의 짧은 자작시 '석별'이 나타난다. 글씨와 그림은 아내가 쓰고 그렸으며 시의 소재는 세 살배기 손자다. 작품이라기에는 초라하나 할아버지 할머니의 손자 사랑을 담은 물건이다. 흰색 편지 봉투에 활달한 필체로 '罪悚'이라고 한자로 씌어있었다. 사과와 반환 약속을 하고 끝에다가 전화번호까지 밝혔다.

부채는 전시회 마지막 날 사라졌다. 찾아가라는 연락을 받고 갔으나, 걸렸던 자리에 없었다. 전시장 곳곳을 뒤져도 찾을 수 없었다. 누가 탐낼만한 수준작도 아니고 값나가는 부채도 아니었다. 문화원 직원들이 CCTV를 확인하더니 모니터에 부채를 든 인물이 보인단다. 확인하러 들어가면서 아는 사람이 아니기를 바랐다. 전시장에서 부채를 들고 나오는 사람이 보인다. 모르는 사람이다. 로비 한편에 있는 의자에 앉더니 부채를 펴서 들여다본다. 부채를 접는다. 배낭에 넣는다. 배낭을 둘러멘다. 화면 밖으로 사라진다.

'석별 부채'와 '석별'을 예감했다. 문화원에 전화번호를 남겼지만 찾기를 기대하기는 어려워 보였다. 양평에 배낭 메고 다니는 영감이 얼마나 많은가. 위로 삼아 아내와 추리를 시작했다. 문화원에 자주 오는 사람일 가능성이 높고 부채를 감상하는 것으로 보아 부채질이나 하려고 가져간 것은 아닐 것이다. 등등. 언짢은 일일수록 빨리 잊는 게 좋다. 마음 상하면 나만 손해다. 살면서 깨우쳤다. 합당한 이유를 만들면 가볍게 잊을 수도 있다. 살면서 배웠다. 합당한 이유 하나, 예술품 도난은 명작을 대상으로 한다. 따라서 석별 부채는 명작이다. 이유 둘, 누군가 미적 허기를 달랜다면 그 또한 나쁘지 않은 일 아닌가? 하나 더, 다른 사람 아닌 내가 당한 일이라서 다행이다. 이렇게 세 가지씩이나 이유를 찾으니 아쉬운 마음이 적잖이 가셨다.

 운동을 마치고 돌아오던 중에 전화를 받았다. 부채를 찾았다는 시 동아리 회장의 전화다. 알아볼 만한 입장에 있는 누군가가 모니터를 보고 인물을 특정하여 조용히 처리하자고 권했단다. 그는 은퇴한 사람이고 부채에 서화를 그리기도 했던 사람이란다. 철수한 전시장에 남은 물건이라서 버리는 줄 알고 가져갔다고 한다. '아무렴 버리는 물건이라고 소용도 없는데 가져갈 리가 있나? 안목이 높은 게다. 작품성을 알아본 거지.' 이렇게 자문자답하고 나니 그 사람이 고맙다는 생각까지 든다. 서둘 이유가 없다. 하루쯤은 믿을 수 없는 이 일을 음미하고 부채는 내일 만나도 좋으리라.

 집어 갔던 그는 양상군자(梁上君子)다. 그런데 물 맑고 살기 좋은 양평은 양상군자의 격도 높인 모양이다. 걸출한 아니 걸출이라는 평을 훗날 받을지도 모르는 예술품에 손을 댔으니 말이다. 돌려준 그는 진정한 군자다. 그를 양상군자가 아닌 양평군자(楊平君子)라 부르리라. 복잡한 마음이 정리되면 밥이라도 먹자고 양평군자에게 전화할지도 모르겠다. 그날 새벽 물까치가 떼로 지저귀며 안개 속을 날던 까닭이 안개를 벗었다.

개토피아

아내와 나선 산책길이다. 우리를 앞질러 커플룩의 남녀가 페달을 밟으며 지나친다. 남자의 자전거 뒤에 작은 수레 하나 매달려 따라가는 것이 눈에 들어왔다. 유아용 수레로 보였다. 주말을 맞은 젊은 내외가 아기와 함께 나왔나 보다. 수레는 사방을 불투명한 비닐로 둘렀다. 아이 낳기 꺼리는 세상에 뒷자리의 아이를, 아이의 미소를 상상하는 것만으로도 기분이 밝아진다. 우리를 지나친 두 대의 자전거와 매달려 가는 유아용 수레가 '명품 산책길' 저만큼 멀어져간다. 좋은 부모를 만나는 일은 선택할 수 없는 행운이다.

'명품 산책길'은 양평 남한강 북쪽에 강 따라 낸 길이다. 길 양쪽으로 벚나무가 즐비하다. 벚꽃 피는 4월이면 서울에서까지 봄을 즐기려는 사람이 몰린다. 여름이면 벚나무가 햇빛을 가리고, 가을이면 바람에 쓸리는 낙엽이 발밑에서 부서지고, 겨울이면 잎 떨군 나뭇가지 그림자가 반짝이는 눈길에 어룽거린다. 어슴푸레한 새벽부터 가로등 환한 밤까지 많은 이들이 찾는 길이다. 길 이름은 군(郡)에서 붙였을 텐데 스스로 '명품'이라는 말을 쓴 게 우습기는 하지만 제법 어울린다.

 계절 따라 바뀌는 풍광도 좋지만, 시설도 좋고 특히 이용하는 사람들의 태도가 좋다. 무엇보다도 유원지처럼 모여서 큰 소리로 떠들거나 술에 취해서 쓰러져 자거나 소란을 피우는 사람을 본 적이 없다. 개를 데리고 다니는 사람도 다른 사람 곁을 지날 때는 목줄을 바투 쥔다. 배변 처리용 비닐도 가지고 다닌다. 간혹 음악을 크게 틀고 걷거나 자전거 타는 사람 빼고는 대체로 명품 길이라는 이름에 어울리는 사람들이다.

 강 가까이 자전거 길을 따로 낸 구간도 있지만 길은 대부분 자전거도로를 겸한다. 주말이나 봄·가을 날씨가 좋은 계절에는 자전거가 많아진다. 자전거 사슬이 햇빛을 받아 빠르게 돌면 바퀴는 은반처럼 반짝인다. 미끈한 두 다리로 페달을 밟아 두 개의 은반을 굴리며 자전거를 몰아가는 이들에게서 푸릇한 젊음이 느껴진다. 양평으로 이사 오면서 자전거를 타려다가 적지 않은 나이에 부상이 염려되어 그만두었다. 그래서인지 자전거 무리가 지나가면 넋을 놓을 정도는 아니지만 부럽고 아쉬운 마음으로 눈길이 간다. 이제는 그 마음도 거의 가셨지만 몸에 착 달라붙은 옷을 맞춰 입고 무리 지어 달리는 젊은이들을 보면 유니폼이 주는 으쓱함과 소속감이 그리워진다.

 돌아가는 거리까지 따져서 5㎞ 정도, 그러니까 그 반 정도인 지점이 우리의 반환점이다. 돌아오는 길에 아까 보았던 유아용 수레를 매단 부부의 자전거가 이번에도 우리 앞을 스쳐 지나갔다. 꽤 멀리까지 갔다 오는 모양이었다. 그리고도 몇 대의 자전거가 더 우리를 스쳐 지나갔다. 구부러진 작은 언덕을 오르니 산책길과 옆 마을로 이어지는 소로가 만나는 삼거리 큰 벚나무 아래 자전거를 세운 대여섯 명의 젊은이가 보였다. 더러는 앉고 더러는 둘러선 것으로 보아 일행으로 보였다. 그중에 유아용 수레가 보였다. 그 부부도 일행이었나 보다. 거리가 가까워졌다. 문득 아기를 볼 수 있었으면 좋겠다는 마음이 들었다. 맑은 공기를 쐬게 하려면 아기를 밖으로 안아내겠거니 하는 기대를 했다. 서너 걸음쯤의 거리로 가까워졌을 때 한 여인이 유아용 수레로 다가섰다. 아기의 엄마일 거라고 짐작했다. 수레 앞면 즉 비닐 창이 있는 면을 들어 올렸다. 나도 모르게 침을 삼켰을지도 모른다. 그게 뭐 대단한 일이라고.

 삽살개처럼 앞이 보일까 싶게 털로 눈이 뒤덮인 개가 보였다. 그것도 두 마리씩이나. 녀석들은 제가 달린 것도 아닌데 힘든 듯이 혀를 길게 빼고 있었다. 미간에 흘러내린 머리털을 묶어서 똑같이 빨간색 나비 리본을 하나씩 달았다. 여자가 한 마리를 번쩍 안아 들더니
"아빠한테 물 달래자."
 하면서 한 사내에게 건넨다. 낯설지 않은 가족 구성이다. 유모차에 개 한두 마리 태워 밀고 가는 사람들의 모습이 낯설지 않은 거리 풍경이 된 지는 오래다. 이들을 어떻게 불러야 하나? 개 가족, 사람 가족? 가족이면 당연히 사람의 가족이지 따로 이름 붙여 불러야 하나? 노인들의 경우 그 심정이 이해되는 면도 있다. 이제는 가족을 만들 수도 없고, 지난 시절의 가족은 지금은 내 가족이 아니다. 견디기 어려운 외로움에 충직하고 친화력 좋은 가족이 필요할 터이다.

개의 식용 문제는 갈등이 남았기는 하지만 의식이 많이 달라졌다. 서울올림픽 때 개 식용을 문제 삼아 올림픽을 보이콧하자는 목소리가 컸던 때와는 달리 동물 권익을 따지는 세상이다. 개를 먹지도 않고, 식용도 반대한다. 그렇다고 사람처럼 대하는 것도 이해하기 어렵다. 사람이 개들의 엄마, 아빠가 될 수 있는가? 머지않은 미래에 우리나라는 인구 절벽을 맞는다는 예상이다. 북한 핵, 주변의 강대국, 질병의 대유행보다도 무서운 게 인구 절벽이란다. 쉽게 말하면 사람의 씨가 마르는 일이다. 그렇다고 개로 대신하겠는가? 개 부모를 자처해서 해결될 일이 아니다. 개 받드는 정성이면 아이 못 키울 일도 없어 보인다. 개 사료, 개 장난감, 개 카페, 개 미용, 개 호텔…. 바야흐로 '개토피아'(개+유토피아), 개들의 천국이라 할 만하지 않은가?

 노인 중에도 개 부모라고 자칭하는 경우가 있으니 제 자식과의 족보는 어찌 정리하였는지, 개가 늙은 부모를 좋아하는지 모를 일이다.

 어쨌거나 '집 나가면 개고생'이라는 등 개를 천시하는 말은 의미를 잃은 시대다. '개 같은 놈'은 '개 같은 분'으로 바꿔야 할 판이다. 모든 국민이 개와 평등한 권리를 누리도록 해달라고 촛불로 광장을 메워야 할 때가 올지도 모르겠다. 한 생명으로서 개의 목숨은 존중받아 마땅하다. 그러나 사람과 개의 구별 지점은 있어야 하지 않을까?

 그래도 아직은 '개 같은 놈' 소리는 사양이다. '개만도 못한 놈'이 좀 나으려나?

까치를 기다리며

집 뒤 야산의 참나무 둥치가 맥없이 부러져 나뒹굴 때 까치집도 무너져 내렸으리라. 높다란 가지에 견고하게 얹혔던 까치집이 속절없이 삭정이처럼 풀어져 내렸으리라. 깃털 같은 구름 몇 점 바람에 꼬리 길게 늘인 맑게 갠 날 아침이었다.

참새 몇 마리가 어둠이 덜 풀린 담장 밑에서 풀씨를 쪼고 있다. 산비둘기 한 쌍이 이슬 맺힌 구기자 열매에 정신이 팔렸다. 까치 두 마리가 새벽 어스름이 아지랑이 같은 잔디밭을 겅정겅정 뛰며 벌레를 찾는다. 직박구리는 고욤을 쫀다. 제 무게를 이기지 못하는 나뭇가지와 함께 흔들리며 용케 균형을 잡는다. 동지 가까운 늦은 해가 동녘 안개 위로 솟는다. 까치들은 부챗살처럼 날개를 펴고 날아오른다. 날개 안쪽 흑백이 선명한 깃털이 눈부시다. 새날을 맞은 기쁨의 비상이다. 고개를 한껏 젖히고 가슴을 펴고, 깊은 호흡을 하면 일출의 정기(精氣)가 온몸에 스민다. 해와 까치와 내가 같은 날을 연다. 이 아침엔 하늘도 구름도 바람도 대문도 담장도 연(蓮)화분의 물도 숨을 쉬고 기지개를 켠다. 온갖 것과 함께 새날을 맞는다.

 야트막한 언덕길을 가운데 두고 십여 호의 집들이 마주 보는 작은 마을의 끝이자 맨 윗집이다. 남쪽으로 전망이 트여 시원하다. 울안에 작은 텃밭도 마련했고 집 뒤로는 밤나무, 찔레, 아카시아와 잡목 우거진 야산이 남아 아쉬운 대로 전원주택의 맛도 난다. 살면서 보니 야산에는 뽕나무와 참나무도 여러 그루 있었다. 이백 평 남짓한 야산이지만 철 따라 새들이 찾아들었다. 어느 해 봄에는 딱따구리가 며칠 고목을 쪼다가 간 적도 있었다. 뻐꾸기 소리에 귀 기울이며 어느 가지에 앉았는지 찾느라 어린아이처럼 정신을 판 날도 있었다.

 뒤 울타리 너머에 굴착기 한 대가 나타났다. 검은 연기를 내뿜으며 엔진 소리를 높이더니, 집게 끝에 달린 쇠바가지로 나뭇등걸을 툭 쳐서 부러뜨린다. 뿌리는 집게로 뽑아 올려 흙을 털어내고는 한쪽으로 던져 놓는다. 영목(靈木)이 아니라도 수십 년 자리 지킨 나무에 어찌 영이 없으랴? 허리 꺾인 등걸과 탈탈 털린 뿌리가 숨죽인 흙 위에 무덤처럼 쌓인다. 무덤 위로 오른 한 줄기 향연(香煙)을 본 것 같음은 착시였을까? 까치집이 있는 참나무와 울타리 가까이 선 밤나무 두 그루만 남았다. 까치 두 마리가 허공을 숨 가쁘게 맴돌고 있다. 목젖을 눌러가며 마디마디 토하는 울음이 파도처럼 일렁이며 멀리 퍼져나갔다.

 지난여름만 해도 마을에는 까치 두 가족이 살고 있었다. 저녁노을 비낀 하늘을 선회하며 안단테로 '가악~가악~'거리는 소리는 마치 저희끼리 다정한 이야기를 주고받는 듯했다. 아침의 까치 소리는 '까악 까악' 높고 가벼운 데 비해서 저녁 까치 소리는 부드럽고 은근하였다. 이 풍경과 이 소리만으로도 도시를 떠난 보상으로 모자람이 없었다. 여름이 끝나갈 때 공터에 농사짓는 마을 영감이 농작물에 그늘진다고 공터 동쪽의 나무 서너 그루를 베었다. 베어진 나무 중 한 그루에는 까치집이 있었다. 큰 나무가 베어지는 것이 안타까워서 땅 주인과 이야기가 된 거냐고 영감에게 물었다. 그랬다고 한다. 귀촌의 결심이 서질 않아서 서울에 사는 임자가 비워 둔 땅에 영감이 철 따라 마늘도 심고 콩도 심어 먹고 있었다. 콩 때문에 집을 잃은 까치 한 가족이 사라졌다. 크게 마음 쓰이지 않았고 금세 잊었다. 야산에 까치 한 가족이 아직 남아서였을 게다.

 굴착기에 공연히 눈을 흘기고는 남아있는 두 그루 나무를 눈여겨보면서 외출했다. 외출을 마치고 골목 어귀에 들어서자, 눈길이 저절로 야산을 향했다. 굴착기가 연기를 퐁퐁 품으며 움찔대다가 집게를 들어 휘돌린다. 집게 끝 바가지에는 잘린 나뭇등걸이 수북이 담겼다. 꽁무니를 들이댄 트럭 적재함에 함부로 쏟아붓는다. 굴착기가 무쇠 팔을 휘젓는 괴물처럼 느껴졌다. 야산이, 아니 그 야산의 나무들이 반나절이 채 지나기 전에 모두 사라졌다. 나무 한 그루 서지 않은 땅은 산이 아니었다. 묵정밭 갈아엎은 것처럼 땅은 속을 게워 내고 힘든 숨을 쉬듯 먼지만 폴폴 날리고 있었다. 애달피 울던 까치는 보이지 않고 울음소리만 여운처럼 귓가에 맴돈다.

 또다시 아침이다. 담장 아래서 참새 몇 마리가 재잘댄다. 덜 딴 구기자 열매를 고르는 산비둘기 한 쌍의 식사가 느긋하다. 아침 안개를 걷어내며 오르는 붉은 해도 여전하다.

굴착기가 사라지자, 고욤나무에 직박구리가 다시 날아든다. 까치는 오지 않았다. 까치 소리도 오지 못했다. 이런 아침이 바람마저 머물지 못하는 텅 빈 야산처럼 낯설다. 아침이면 영하의 기온이다. 까치들은 어디로 갔을까? 사람 손 타지 않을 새 터에서 겨울을 이겨내고 어린 것들을 부디 길러내거라. 하여 소나기 그치자 불현듯 나타나는 잠자리 떼처럼 그렇게 만나자, 까치야.

 세상에 변하지 않을 것이 어디 있겠냐마는 '변하지 마라. 변하지 말자.'고 붙잡고 싶은 풍경도, 시간도 더러는 있더라. 떠오르는 아침 해를 바라보며 까치와 온갖 것들과 다시 한 날을 맞을 수 있다면 시간이 느리게 가더라도 그곳에 나무처럼 서 있겠다.

그냥 가요

 잘 있으라며 손 흔드는 김 선생을 물끄러미 바라보다가 홱 돌아서며 손자 주영이가 중얼거린다.
"그양 가요."
 처음 만났는데도 낯가리지 않고 손잡고 걷기도 하며 할머니, 할아버지보다 김 선생 내외를 따르더니 헤어지기 서운했던 모양이다. 그래도 그렇지 '냥' 소리도 내지 못해서 '양'으로 발음하는 어린것이, 한 달 뒤에나 세 돌 되는 아이의 입에서 나온 말이 뜻밖이었다. 돌아설 때의 표정에 아쉬움이 가득했다. 이 어린 것이 벌써 이별의 심사를 아는가 싶어서 가슴 한편이 서늘했다. 아내가 손자의 마음을 보듬어 주려 버쩍 들어 안았다.
"왜 '그냥 가요.' 그랬니?"

할머니가 묻자, 주영이가 답했다.

"부끄러워서요."

'아쉽다'라는 뜻이려니 짐작했다.

'나 보기가 역겨워 가실 때에는/말없이 고이 보내 드리오리다' 소월의 시구가 언뜻 스쳤다. 올 초 이웃이 된 김 선생 내외와 함께 도서관 행사로 춘천의 한 수목원 탐방을 다녀온 날이었다.

강변 산책에 나섰다. 5년째 거의 거르지 않은 산책길, '하늘사랑길'이다. 길 한쪽 끝에 있는 천주교 순교 기념 성당이 있어 붙여진 이름 같은데, 길에서 바라보이는 하늘은 너르고 높고 푸르러서 그것만으로도 이름값을 한다. 강폭은 넓다. 강 건너 높고 낮은 산 능선이 겹겹이 물결을 이룬다. 그 강과 산 위로 너른 하늘이 펼쳐있다. 강기슭에는 갈대가 무성하다. 올봄 새로 난 갈대 틈틈이 묵은 갈대가 섞여 바람에 흔들린다. 묵은 갈대는 늙은 병졸의 벙거지에 매달린 꼬꼬마처럼 낡은 갈목 두어 갈래 달고 어린 갈대 틈에서 목을 길게 뽑고 서 있다.

지난가을부터 봄까지 강변의 모진 북서풍에 주저앉지 않고 용케 견딘 몇 안 되는 녀석들이다. 신·구세대가 같이 흔들리며 한 하늘을 이고 서 있다. 먼저 주저앉은 갈대를 발목에 감은 채 함께 서 있으나 그 시간은 길지 않을 것이다. 늘 그랬던 것처럼 강변은 곧 어린 갈대의 푸름으로 가득해지리라. 그렇게 갈 숲의 시간이 흐르고 세대가 바뀐다. '그양 가요.' 시간이 흐르는 갈대밭을 보노라면 손자의 말이 갈잎을 스치는 바람결에 들려오는 듯하다.

 당뇨 치료 약을 먹기 시작한 지 십 년도 더 됐다. 크게 악화하지도 않고 눈에 띄게 좋아지지도 않는다. 6개월마다 의사와 상담한다. 채혈과 상담을 하루에 하자면 병원에서 서너 시간을 머물러야 한다. 그게 싫어서 채혈은 일주일 전에 한다. 8시간 금식, 공복에 1차 채혈, 식후 2시간에 2차 채혈이다. 전날 저녁부터 굶고 새벽에 채혈실 문 여는 시간에 맞춰서 병원에 간다. 1차 채혈하고 아침 식사를 한다. 두 시간 지나서 2차 채혈이다. 두 시간 기다리기가 무료하여 병원 근처의 산책로를 걷는다. 이번처럼 아내가 따라나선 날은 같이 걸어서 고맙고 덜 쓸쓸하다.

"다음 주야. 예약해 놓았으니 쓰자고"

 연명치료 의향서 얘기를 확인했다. '그양 가요.' 손자의 말이 또 귓전을 울린다.

'그래, 갈 때 되면 그냥 가는 거야.'

 다시 하늘사랑길에 섰다. 7월의 갈 기슭에서 갈목 받쳐 든 묵은 갈대는 어느새 사라졌다. 사라진 게 아니라 싱싱하고 푸른 갈대 사이사이에 무릎을 꺾고 주저앉았다. 묵은 갈대들은 '그양 갔을까?' '말없이 고이 보내 드리오리다'라는 정서와 '그양 가라'는 정서는 멀지 않은 곳에서 서로 닿아있지 않은가? 봄에서 여름 사이 강변의 갈대숲에는 묵은 갈대와 새 갈대가 함께 살았다. 손자와 함께하는 삶도 일 년으로 치자면 봄과 여름 사이의 시간만큼이나 될까? 주영이가 서른 살 때쯤 결혼을 한다면 내 나이 아흔일곱이다. 손자의 결혼식을 볼 수 있을까? 손자 출생을 앞두고 담배만 끊었을 뿐 술 좋아하는 데다가 당뇨병까지 있으니, 백세시대라도 쉽지 않으리라는 생각이 든다.

 검사 결과는 나빠지지도 않고 좋아지지도 않았다. 의사 상담이 끝나고 연명치료 의향서 작성하는 사무실로 갔다. '호스피스 병동 이용 여부, 연명 치료 거부, 완화 치료 수용' 크게 세 가지 항목의 설명을 듣고 아내도 나도 서명했다. 관계 기관을 통해서 모든 병원에 통보가 된단다. 내용은 열람 가능으로 해두었다. 아들에게 일러두었으나 나중에 확인이 필요할 때 대비해서다. 의식이 명료할 때 내 문제를 정한 것이 못내 기껍다.

'그래, 때 되면 그냥 가는 거지.'

 몇 달 후 카드를 보내준다는 말을 뒤로하고 병원을 나섰다. 연명치료 의향서를 작성하면서 유서 쓰는 기분이 들었다는 사람도 있지만, 유서를 써보지 않았으니 잘 모르겠다. 무언가 매듭을 짓는다는 홀가분한 느낌이지 그리 비장한 느낌이 드는 것은 아니었다. 손자 주영이의 말마따나 '그양 간다.'라는 약속을 한 것뿐이다. 주영이가 헤어지는 아쉬움이나 아픔을 너무 일찍 알지 않았으면 좋겠다. 해도 해도 익숙해지지 않는 이별이 손자에게는 많지 않았으면 좋겠다. 푸른 갈대들이 싱그러운 바람결에 한가하게 서걱대는 강변이 불현듯 보고 싶다.

비바! 파크 골프

 칠십 넘어서 파크 골프(Park Golf)에 입문했다. 이웃들이 파크 골프해 보라고 권할 때 웃으면서 '알아보겠다, 알았다.'고 대답은 했으나, '노인네들이나 하는 운동에는 아직 관심 없거든'하는 속마음이었다. 파크 골프라는 게 '게이트볼' 비슷한 운동이려니 짐작하면서 말이다. 여러 사람이 권하고 양평이 파크 골프하기 좋은 여건이라는 말은 들었지만 더 이상 관심 두지 않고 지내다가 몇 년이 더 지나서야 파크 골프에 대해서 제대로 알 기회가 왔다.

 '어르신 요리 교실' 동기(同期) 하나가 파크 골프채까지 빌려주겠다며 적극적으로 권했다. 골프와 이름만 비슷한 게 아니라 운동도 규칙도 비슷하다는 말에 솔깃했다. 날짜를 잡아서 아내와 함께 양평 파크 골프장에서 그를 만났다.

강변에 페어웨이가 시원하게 펼쳐져 있었다. 해머 닮은 물건을 하나씩 든 사람들이 눈에 띄었다. 지인이 우리 내외에게 건네준 물건과 같은 모양이었다. 파크 골프채란다. 골프라는 이름 때문에 골프채와 비슷한 모양의 채를 연상했는데 뜻밖이었다. 게다가 그 채 하나만으로 플레이한다는 말에 상상이 되질 않았다. 그날 파크 골프를 해봤다. 아내와 나는 골프를 오래 했기 때문에 바로 적응할 수 있었다. 아내와 동행하기를 잘한 것 같았다. 설명할 필요 없이 바로 그 자리에서 '해보자'고 마음이 맞았다. 나이 들면서 골프를 계속할 것인지 망설이던 무렵이라 결정이 빨랐는지 모른다. 그때까지도 골프 모임이 여러 개 있었다.

 골프를 계속하려면 운전, 비용, 체력이 문제였다. 양평으로 이사 온 후로는 골프하는 날이면 새벽에 혼자 차를 몰고 나서야 했다. 어두운 시간의 장거리 운전이 부담스러웠다. 경비도 만만치 않았다. 회원제 골프장은 비용이 엄청나고, 퍼블릭 골프장이나 회원 대우를 받는 몇몇 골프장도 절대 헐하지 않아서 퇴직자 수입으로는 자주 나가기 어려웠다. 그린피(green fee), 캐디 피(caddie fee)는 자꾸 인상되었다. 장거리 운전과 한 번 나갔다 하면 하루가 가버리는 일정에 체력이 벅차다고 신음하기 시작했다. 호쾌한 타격은 사라지고 노인용 티 박스에서의 티샷은 자존심이 허락하지 않고…. 스코어도 나지 않았다. 골프가 이솝 우화의 '여우의 신 포도'처럼 여겨질 때가 되어서야 파크 골프에 마음이 열렸다.

파크 골프는 이름처럼 도심지의 공원에서 할 수 있는 골프형 스포츠다. 티샷, 어프로치, 퍼팅하면서 골프의 맛도 느낄 수 있었다. 36홀 라운딩이면 약 5,000보 넘게 걸을 수 있었다. 라운딩하면서 잔디밭을 걸으니 그냥 걷는 것보다 심심하지 않았다. 골프장까지 차로 10분이면 갈 수 있으니 운전 부담도 거의 없고 긴 시간을 할애하지 않아도 되었다. 예약하지 않고 도착한 순서대로, 현장에서 모르는 이들끼리도 동반하여 시작하니 부킹하는 수고를 던 것만도 얼마나 편한가! 채 하나 공 하나면 '준비 끝'이니 채비도 골프에 비교도 되지 않을 만큼 저렴하다. 입장료인지 사용료인지는 모르겠지만 65세 이상 주민은 평일 1,000원, 주말 2,000원이면 종일 운동할 수 있다. 이만 비용으로 종일 즐기며 운동과 친교의 시간을 가질 수 있는 운동이나 놀이가 또 있을까 싶다. 양평 산다는 자체가 횡재한 기분이었다.

아쉬운 점 하나는 창공을 향해서 쳐대는 시원함이나 상쾌함이 없는 것인데 여러 가지 유익한 점에 비하면 참을 수 있는 아쉬움이다.

 손주들이 오거나 참석해야 할 경조사가 있거나 몸이 아프지 않으면 운동 삼아 날마다 골프장에 나간다. 처음에는 주로 아내와 둘이 했으나 차차 사람들을 사귀게 되었다. 가까운 후배 내외도 파크 골프의 좋은 점을 알려서 함께 운동하기 시작했다. 좋은 일이나 정보는 나누어야 한다는 평소 생각대로 여러 사람에게 파크 골프를 홍보하여 입문하게 했다. 경기장을 익히고 먼저 시작한 이들에게 기술적인 면도 배우면서 스코어도 조금씩 좋아졌다. 동호회에 가입하여 새로운 사람들과의 만남과 관계도 생겼다. 퇴직 전의 세상과는 완전히 다른, 새로운 환경의 삶이다.

 서드에이지(third age)도 지나 생애주기의 마지막 단계에서 수행할 업무 하나를 찾았다. 이제 생산적인 사회 활동하기에는 한계가 있다. 사회에 봉사할 일도 제한적일 수밖에 없다. 생애 마지막 주기에는 내 몸 하나 잘 건사하여 자식과 젊은이들에게, 사회에 짐이 되지 않게 사는 것이 중요한 과업이지 않은가? 운동할 수 있는 시간과 건강이 허락

된 행운이 고맙다. 이런 일들이 내가 이루고 싶다고 이루어지는 게 아니라는 걸 안다. 신이건 하늘이건 누군가의 도움이 없다면, 누군가의 허락이 없다면 불가능한 일이다. 그래서 파크 골프가 고맙다.

 생애 마지막 주기를 두려움 없이 맞았고, 하루하루 지내고 있다. 인생의 길이는 신의 영역이지만 인생의 깊이는 나 하기 나름이다. 파크 골프하면서 건강 지키고, 파크 골프 시작하면서 만난 좋은 사람들과의 인연을 잘 키워 가며 또 하나 삶의 깊이를 만들어 가리라. 다행히 글 쓰는 작은 재능을 받았으니, 소소한 이야기들 기록하여 삶은 살만한 것이라고 낮은 소리로 세상에 전하고 싶은 소망도 있다. 양평에 터 잡아서 이 모든 것이 가능해졌으니 이 또한 지켜나갈 행운이다. 파크 골프의 문을 열어준 이근태 님 고맙소.

 곁에서 지켜보고 무어든 응원하고 무조건 지지해 주고 격려하며 함께하는 아내에게 변함없는 사랑을 전하며…. 비바! 파크 골프.

* 2024년 1월부터 양평군에 거주하는 65세 이상 노인은 그린피 면제로 바뀌었다.

요리하는 청춘

 다섯 명의 청춘이 만났다. 모두 머리숱이 성글고, 백발(白髮)이다. 세 분의 이공(李公)과 진공(진公) 한 분에 나까지 다섯이다. 막내 이 공이 예순아홉으로 청춘 중의 청춘이다. 혹자는 스스로 청춘이라고 우기는 늙은이들의 망발은 아닌지 의아할 것이나 절대 아니다. 백발에 청춘이라니 염치없기는 하나 지난해 11월 '요리하는 청춘' 과정을 수료한 정식 청춘이다. 그 후 서너 달밖에 지나지 않았으니, 지금도 청춘 맞다.
 앞에서 밝힌 것처럼 우리 다섯은 '요리하는 청춘' 동기생이다. 석 달 동안 채소 다듬고 썰기, 불 다루기부터 밥 짓고 간 맞춰 국 끓이기는 물론 설거지까지 함께 하면서 쓴맛, 단맛, 짠맛을 나눈 막역한 동기동창이다. 다섯은 '썰기'의 모든 것을 아는 남자들이다. 얇게 썬 재료를 가지런히 눕혀 겹쳐 놓고 왼손으로 누른 후 일정한 굵기로써는 '채썰기'부터 편 썰기 · 어슷썰기 · 둥글게 썰기 · 반달썰기 · 은행잎 모양 썰기 · 깍둑썰기 · 나박 썰기 · 다지기' 등을 실제로 할 수 있는 능력 있는 청춘들이다.

 아. 왜 남자들뿐인지 궁금하신 분이 있으시겠다. 그건 주최 측에서 남자들만 대상으로 했기 때문이다. 깊은 속은 알 수가 없다. 부인들에게 그간 먹는 일로 신세 진 것을 갚으라는 뜻일까? 그래서 사랑받으라고, 어쩌면 불행한 일에 대비하라는 걸까? 아니면 혈압과 당 측정을 과정 전후로 두 차례 하고 저염식을 강조하는 것으로 미루어 보아 건강관리 차원에서 진행하는 프로그램일 지도 모르겠다. 양평군 보건소 주관이고 무료로 진행한다. 요리사 복장도 준다. 다른 요리 프로그램들은 재료비가 많이 들어서 엄두가 나질 않는데 재료비도 없다. 보건소 주관이니 아무래도 '요리하는 청춘' 과정은 앞에서 살핀 세 번째 '자기 건강관리'가 그 목적이 아닐까 싶다.

 느닷없이 과정 이름에 '청춘'은 또 뭔가? 선발 대상은 65세 이상의 남자들이지만 등록하는 순간은 낯 뜨겁지만, 누구나 어쩔 수 없이 청춘이 된다. '청춘! 이는 듣기만 하여도 가슴이 설레는 말이다.'로 시작하는 민태원의 〈청춘 예찬〉이 떠오른다. '요리하는 노년'이나 이 비슷한 말로 수정을 요구한 사람은 한 명도 없었다. '청춘'에 전원 동의한 것이 아닌가? 5명씩 한 조가 되어 4개 조 20명의 청춘이 지난해 9월부터 주 2회 용문종합복지관에서 요리사 복장을 갖춰 입고 모양새 나게 칼질을 시작했다. 오늘 모인 5명의 청춘은 2조로 인연을 맺은 사이다.

'요리 실습실'보다는 '교실'이라고 부르는 것이 익숙했다. 시간이 지나면서 어색함도 가시고 교실에는 활기가 넘쳤다. 수업 풍경은 초등학교 1학년 교실 풍경을 연상하면 딱 맞다. 뒷짐 지고 남의 조 기웃거리는 아이, 강사 선생님 앞에서 알짱거리는 아이도 있고 간장 한 스푼 더 넣었다고 티격태격 소란한 조도 있다. 서로 칼 잡겠다고 시끄러운 조, 서로 칼 잡지 않겠다고 떠드는 조도 있다, 강사가 완성된 음식 평가할 참이면 '맛있죠? 맛있죠?' 하며 따라다니면서 칭찬을 구걸하는 녀석도 있다. 자기의 경험만 믿고 강사가 준 레시피를 무시하는 녀석, 그걸 말리다 핀잔 듣고 뿌루퉁한 녀석도 보인다. 교실에선 청춘이 아니라 유년(幼年)

이다. 전기밥솥에서 '취사가 완료되었습니다. 밥을 저어주세요.'라는 알람이 나올 때쯤에야 소란도 가라앉는다. 먹을 시간이 되어서다.

 개인 식기를 준비하고 만든 음식으로 점심상을 차린다. 꿀맛이다. 둘 아니면 '혼밥' 자시다가 여럿이 둘러앉아서 먹으니, 밥맛이 없는 게 이상할 일이시겠다. 내 손으로 만든 음식이니 신통방통 맛이 좋다. 서로 속내를 털어놓는 시간도 이때다. 어려운 사정을 알게 되면 당번 때 뒷정리 의무도 면제해 준다. 병원 다녀오느라 늦는 사람이라도 있는 날이면 서로서로 부족한 일손을 나누어 채운다. 첫날 인사 나눌 때 '경상도 사람이다. 어려서부터 할미가 머슴아가 부엌에 드나들면 X알 떨어진단 소리를 듣고 자라서 부엌에 들어가 본 적 없다'는 사람과 그 비슷한 이유로 부엌을 멀리했다는 사람이 몇 더 있었다. 그들 모두 열심히 참여했다. 그래도 떨어진 걸 줍거나 보았다는 말은 수료식 때까지 듣지 못했다.

 '먹고 설거지 하고 나면 금세 또 밥때 된다.'고 구시렁대던 아내의 말이 떠오른다. 서너 시간 만들고, 먹고, 치우다 보니 그 말뜻을 알겠다. '짜니, 싱거우니' 하며 들었다 놨다

하던 반찬 한 가지 장만하는 일이 만만치 않음을 알았다. 식사 후 커피 한잔 마실 때 싱크대 앞에 서서 설거지하던 아내도 그 시간 쉬고 싶었을 것이다. '요리하는 청춘'의 목적이 아내에 대한 고마움도, 불행한 일에 대한 대비의 뜻도 모두 포함한 것 같다. 칼 한번 잡아보지 않았던, 설거지 한번 해보지 않았던 나 같은 사람에게 꼭 필요한 경험이었다.

 만들기 쉽고 맛있고 몸에도 좋은 요리를 배웠다. 같은 시대를 앞서거니 뒤서거니 살아온 사람들과 새로운 인연도 맺었다. 아내의 노고에 대한 이해와 감사의 마음도 새삼 느꼈다. 은퇴자에게 어쩔 수 없이 찾아오는 건강, 자존감, 대인 관계 등의 상실에 따른 자신감 저하에 일정 부분 긍정적인 에너지를 받았다. 모두 즐겁게 참여한 것으로 보아 다른 이들도 그랬을 것이라는 생각이다. 주말 지나고 교실에서 만나면 주말에 가족들에게 음식 만들어 먹였노라는 자랑이 여기저기서 들렸다. 참. 비밀인데 실습 장면 촬영해서 단체대화방에 올리면 강사님이 기습적으로 상품을 주기도 한다.

 '요섹남'이라고 들어보셨는가? 요리 잘하는 섹시한 남자라는 뜻이다. '요리하는 청춘' 덕에 청춘도 찾고 섹시함까지 갖추었으니, 무엇을 더 바랄까? 설렘 가득 안고 시작한 요리하는 청춘! 석 달 뒤에는 요리사 복장이 멋지게 어울리는 '요섹남'이 되었다. 양평의 청춘이 되었다. 이제 그 젊음의 힘으로 아름다운 양평을 사랑하는 일에 앞장설 일이다. 다섯 청춘은 다음을 기약하며 악수하였다.

 다시 청춘 예찬. '청춘은 인생의 황금시대다. 우리는 이 황금시대의 가치를 충분히 발휘하기 위하여, 이 황금시대를 영원히 붙잡아 두기 위하여, 힘차게 도래하며 힘차게 약동하자.'

 전옥자 강사의 시원한 웃음소리가 그립습니다. 양평보건소 소장과 담당 주무관, 복지사 등 관계자 여러분 감사합니다.

사람 살려

 우리나라는 서울올림픽 때 함께 치른 장애인올림픽을 계기로 장애인 인권 의식이 커졌다. 이런 영향으로 1989년 '장애자복지법(障碍者福祉法)'이 '장애인복지법(障碍人福祉法)'으로 개정되면서 '장애자' 대신에 '장애인'이 공식 용어로 자리 잡았다. 법 이름을 바꾼 사유는 부정적 어감 때문이라고 하였는데, 내용이 달라진 것은 아니었고 단지 '놈 자(者)'가 '사람 인(人)'으로 바뀐 것뿐이었다. 결국 부정적 어감의 원인은 '놈 자(者)'였다. '놈'은 '사내'를 낮추어 부르는 말이니 '놈 자(者)'보다는 '사람 인(人)'이 격이 높아 보였다.
 '-자'와 '-인'은 '부랑자(浮浪者)·부랑인(浮浪人)'처럼 뒤섞어 쓰기도 한다. 또 범죄와 관련된 사람을 나타내는 말로 범인(犯人), 피고인(被告人), 피의자(被疑者) 등 정죄(定罪)의 단계에 가까운 범인, 피고인에는 인(人)으로 쓰고 아직 의심의 단계인 피의자는 자(者)를 쓴 것으로 보아 처음부터 '-자'에 비하 의미가 있었던 것 같지는 않다. 오히려 '학자(學者), 선지자(先知者)' 등에서 보듯이 '자(者)'가 존대 의미로 쓰이기도 한다. 그렇지만 일반적으로 범죄, 도망, 배반 등 특정 어휘와 결합하면 낮춰 부르는 말로 인식되고 있다.

살펴본 대로 '놈 자(者)'는 두 가지 의미를 포함하고 있다. 하나는 낮추어 부르는 호칭이고 또 하나는 남자에게 국한한 호칭이다. 물론 '者'를 '사람 자'로 한다면 두 가지 함의는 모두 사라진다. 하지만 일반 대중은 '놈 자'로 인식하고 있는 것이 현실이다. 모 교육청의 초빙 교장 공고문을 보자.

• 학교, 지역사회, 학부모의 의견을 충분히 수렴하여 창의적으로 교육할 수 있는 자

• 풍부한 교육 경력과 민주적인 마인드로 학교를 합리적이고 효율적으로 경영할 수 있는 자

학생·학부모·교직원의 교육 공동체인 학교의 장을 초빙

하면서 자격 요건을 모두 '놈 자(者)'로 마무리하였다. 의미가 통하지 않는 것은 아니나 굳이 트집을 잡자면 여성은 원천적으로 배제하고 '사람'으로 불릴 만한 인격을 갖춘 후보는 아예 응모조차 할 수 없다. 학생·학부모·교직원의 교육 공동체인 학교의 장을 초빙한다면 '놈 자(者)' 대신에 '분'자를 사용하는 것이 예우에 맞지 않겠는가? 아니면 최소한 '사람'으로 하든가. 이 같은 언어 소통의 혼란을 막자면 모든 옥편에 '者'의 훈(訓)으로 '사람'을 맨 앞에 놓아 언어 대중이 '사람 자'로 인식하게 하는 것이 좋겠지만 하루 이틀에 될 일이 아닐 것이다. 그러나 모든 공·사문서에 '놈 자(者)' 대신에 '사람'을 쓰는 것은 의지만 있다면 바로 실천할 수 있는 일이다. 물론 '분'으로 한다면 더 교양 있는 일이 될 것이지만.

 서울시의 '○○ 분야 모집 공고'에는 자격 요건에 '○○전문가, ◇◇전문가' 등으로 적었다. '○○자격증 소지자, ◇◇자격증 소지자'보다 모시는 측의 성의와 모실 사람에 대한 예의가 드러나 있다. 얼마든지 이처럼 바꿀 수 있는 일이다.

 '모셔 온 사람'은 '모셔 온 놈'보다 더 많은 책임감과 소명

감을 가지고 업무에 임할 것이고, '모셔 온 분'은 그보다 더 큰 사명감으로 일하지 않겠는가? '갑'에 의해서 임명 또는 임용될 때에도 '임명(용)된 놈'보다 '임명(용)된 사람'이 그보다는 '임명(용)된 분'의 업무 충실도가 높을 것이 뻔하다. 그래야 '갑'에게도 득이 된다. '염병'으로 죽었다는 말과 '장티푸스'로 죽었다'라는 말의 뉘앙스를 생각해 보라고 대표적 지식인 중의 한 사람인 이어령 선생은 그의 책에서 말했다. 단순한 병명 하나도 언어의 문제요 인간 문화·문명의 문제라고 주장한다. 그런 연유로 사람을 가리키는 말은 더 조심스러울 수밖에 없지 않겠는가?

'아무 문제 없는데 긁어 부스럼 만들지 말아라. 놈 者를 썼다고 임명(용)에서 여성을 배제하지 않는다. 여성 단체에서 이의 제기도 없다. 남성도 왜 낮추어 부르느냐고 항의하는 사람도 없지 않으냐?'고 반론을 제기할 수는 있겠다. 그러나 문화의 문제로 생각해 보자. '분'까지는 과하다고 생각할 수도 있겠다. 그러나 다른 이를 '분'으로 부르면' 자기도 '분'이 되고, '놈'으로 부르면 자기도 '놈'이라 불리는 게 세상 이치다. 그래도 '분'이 과하다면 먼저 가치 중립적 용어인 '사람'으로 바꿔서 '사람'을 살리자. 서로 존중하고 배려하는 문화를 용어 하나로 바꿀 수 있다면 살맛 나는 세상 아닌가!

위하여 복무함

 산책길은 갔던 길을 되돌아오는 왕복 코스가 아니라 한 바퀴 빙 돌아오는 순환 코스다. 갔던 길이 마음에 들어도 다시 되짚어 오는 것은 재미가 덜하다. 조금 마음에 덜 차도 다른 길로 오는 것이 지루함을 덜 수 있다. 가는 길은 강변길이다. 이름이 '하늘사랑 길'이다. 남한강, 하늘, 그리고 산들이 어우러져 빚어내는 풍경이 때마다, 날마다, 철 따라 새롭다. 물새들이 강물을 차고 오르는 소리, 자맥질하는 소리, 갈대숲을 스치는 바람 소리, 수상 스키를 매달고 질주하는 보트의 경쾌한 엔진 소리도 있다. 어미 뒤를 따르며 헤엄치는 오리 새끼들 뒤로 퍼지는 여덟 팔(八) 자들, 생생한 삶의 모습을 눈과 귀에 가득 담을 수 있는 길이다.
 멀고 가까운 산 그림자가 강물에 거꾸로 잠기고 더 아래로 구름도 하늘도 잠겼다. 산·구름·하늘이 저마다 제 빛깔로 물결 따라 출렁인다. 강이 하늘만큼 깊어졌다. 생각도 따라서 깊어진다. 그림자 아닌 상상의 또 다른 세상이 강물에 펼쳐진다. 반짝이는 낱말이며 보석 같은 구절이 머리를 스친다. 강변길이 끝나는 데서 6번 국도 위에 걸린 덕구실 육교를 만난다. 여기쯤에서 자동차 소음이 귓전을 울리기 시작한다. 깊어지던 사유는 산산이 부서지고 머리에 가두었다고 생각했던, 물고기 비늘처럼 싱싱한 언어들은 어느새 빛을 잃는다. 육교를 건너 자전거 도로에 들어설 때면 머리는 텅 비고 만다. 자전거 도로는 이름이 따로 없다. 그저 '남한강 자전거 도로'라는 건조한 이름이다. 차도의 소음은 남산 기슭을 타고 쉼 없이 올라온다. 이 길에서는 보이는 것을 볼 뿐이지 깊은 생각을 하기는 어렵다.

 길가에 개장이 보인다. 이어진 두 개의 개장에 한 마리씩 들어 있다. 덩치 큰 백구가 겨우 일어서서 머리 부딪지 않고 제자리에서 맴돌 수 있을 정도의 공간이다. 휙 지나가는 자전거보다 천천히 걸어가는 사람이 반가운 모양이다. 개장이 가까워지면 두 놈이 일어나서 아는 체를 하며 맴돌기 시작한다. 저희만큼 반갑지 않아서 미안한 마음으로 빨리 지나간다. 짧은 만남이 서운해서인지 낑낑대는 소리가 모퉁이를 돌 때까지 뒤통수를 간질인다.

 설렘의 길이 다가온다. 자전거 도로 양쪽으로 안전을 위한 철책을 설치한 구간이다. 4년 전쯤인가 보다. 길이 80㎝쯤의 철책 위에 깃대를 꽂을 수 있게 하고 태극기를 꽂았다. 어림하여 6~7m 정도 간격이니 양쪽 합치면 태극기는 30여 장 되어 보인다. 행사가 있나 보다, 행사 끝나면 떼려니 생각했는데 그게 아니었다. 비가 오나 눈이 오나 그대로 두었다. 10여 년 전 24시간 국기 게양하는 것으로 관련 규정이 바뀌어서 그대로 두는 모양이었다.

 바람 부는 날이면 그 길은 열병식장이 된다. 태극기들이 정연하게 한 방향으로 펄럭인다. 요즘은 바람이 불어도 기가 감기지 않도록 만들었다. 길 양쪽에서 힘차게 펄럭이는 태극기를 보니 사열하는 기분이 든다. 외국의 국가 원수가 국빈 방문하면 우리 대통령이나 총리가 외국 수반과 함께 공항에서 의장대 사열하는 모습, 중국이나 북한에서 행하는 각 잡힌 군대 행진 모습이 떠올랐다.

 이 길을 지날 때면 저절로 가슴을 편다. 사열이다. 거수경례해야만 할 것은 마음에 오른팔이 움찔한다. 앞뒤를 둘러

봐도 자전거도 사람도 보이지 않는다. 기왕 하려면 멋진 말을 하며 경례하고 싶다. '인민을 위하여 복무함?' 중국의 국경일인지 국가 원수라는 사람이 사열하면서 한 말이 무심결에 떠오른다. '인민' 안 되지. '국민을 위하여 복무함' '국민'도 어울리지 않는다. 칠십의 백수가 국민을 위해 할 일도 없거니와 뒤의 '복무'라는 말과 어울리지 않는다. 사회주의 국가에서 일반적으로 쓰는 '복무'라는 말을 우리는 '군에 복무한다.', '군 복무 기간이 …' 등 제한적으로 사용하고 있지 않은가? '인민'만큼이나 입에 붙지 않고 귀에선 말이 되었다. 사상이 언어에까지 금을 그었다. 어쨌거나 '무엇을 위하여 복무함'이라고 하나?

아! 병정들. 사랑하는 나의 병정들이 떠올랐다. 녀석들은 봄이 한창일 때부터 몇 번으로 나누어 무리 지어서 나의 진(陣)으로 왔다. 오는 날 바로 열과 오를 맞추어서 터를 잡았다. 녀석들은 날마다 달라지는 폭풍 성장으로 기쁨을 주고, 때가 되면 살신성인의 마음으로 저 자신을 공양하여 나와 식구들의 건강을 책임지며 가는 날까지 한 치 대오의 흐트러짐도 없을 테니 어찌 장하지 않을쏘냐? 병정들에게 필요한 물과 양분을 제공하고. 지지대를 세우거나 가끔 연병장을 갈아 주기만 하면 된다.

 태극기 길의 거의 끝날 무렵 먼저 만난 녀석들부터 챙기자고 마음을 정했다. 맨 처음 온 병정들은 상추였다. '상추를 위하여 복무함' 자못 떨리는 목소리를 입안에서 굴리며 거수경례했다. 내일은 부추, 모레는 고추 그리고 오이, 토마토, 구기자, 가지, 블루베리, 콩, 호박 등등 '위하여 복무'할 일이 있어서 행복하다.

좋은 데 사시네요

"좋은 데 사시네요."

양평 산다고 하면 으레 듣는 말이다. 초면인 사람도 오랜만에 만난 이도 그렇게 말한다. 간혹 '부럽다', '로망인데'라는 말로 인사치레가 아님을 강조하는 사람도 있다. 물론
"겨울에 춥지 않아요?"
라는 걱정도 빠지지 않는 질문 중의 하나다. "양평이 뭐가 좋아요?"
라고 되물으면 대개가
"공기 좋고, 경치도 좋지 않으냐?"
고 답을 한다. 공기와 경치의 차례를 바꾸어 말하는 사람도 있는 것으로 보면 순위를 따져서 말하는 것은 아닌 모양이다.

공직 생활 마감을 앞두고 아내에게 전원생활 얘기를 조심스럽게 꺼냈다. 농촌 출신인 아내는 도시에서 나고 자란 내가 새로운 환경에 적응할 수 있을지 걱정하며, 전세로 살아보고 결정하자는 의견을 냈다. 가평군 설악에서 1년여 전세로 살아보고 나서 양평에 터를 잡아 전원생활을 계속하기로 했다. 자연과 더불어 살며 땀 흘려 집을 가꾸고 상추, 고추 등 채소를 심어 먹는 재미가 쏠쏠했다. 흙을 만지며 뭇 생명과 교감하며 사는 게 편안했다. 쏟아질 듯 많은 별이 박힌 밤하늘이 아직 있다는 게 신기했다. 어린 시절, 순수의 시간으로 돌아간 것 같아서 행복했다. 전원생활에서 얻은 소소한 기쁨을 놓치고 싶지 않았다.

 아내와 집을 보러 다녔다. 교통편과 집의 향(向) 두 가지를 고려했다. 설악서 살던 집이 동향으로 실내에 햇빛과 볕이 충분하지 않았기에 향의 중요성을 먼저 생각했다. 전원생활이 과거 또는 도시와의 단절이 아니니 교통도 편해야 했다. 여러 곳을 다니다 두 가지 조건이 맞아떨어진 곳을 양평에서 찾았다. 전철역이 가깝고 집은 완만한 언덕 위의 남향이었다. 널찍한 골목 양편으로 마주한 십여 호가 자리 잡은 작은 동네였다. 집 마당마다 큰 감나무가 있는 것으로 보아 몇십 년은 지난 마을 같았다. 오래된 동네가 주는 고즈넉함도 마음에 들었다. 흔히 말하는 전원과는 거리가 있지만, 집 뒤는 조그만 야산이고 집안에만 들어서면 동떨어진 공간이니 전원과 다를 게 없는 느낌이었다.

 양평 살이 4년째다. 새로 집을 짓고 마당에는 유실수와 관상수 몇 그루를 심었다. 화단의 야생화와 화초도 자리를 잡았다. 때 되면 꽃 피고 잎 지며 계절을 느낄 수 있을 만큼 집 꼴이 잡혔다. 텃밭도 만들었다. 욕심부리지 않고 힘에 부치지 않을 정도만 갈았다. 다치거나 병이라도 나면 전원생활이 무슨 소용인가? 가끔 친구 내외를 불러서 조촐한 식사를 할 만큼 정리가 됐다. 마을 이웃들도 눈인사 나눌 정도로 가까워졌다. 집은 향과 교통편이 좋으니 '좋은 데'라고 할 수 있겠다.

 양평을 '좋은 데'라고 말하는 사람들의 '좋다'의 기준은 무엇일까? 양평 곳곳에서 볼 수 있는 '행복 도시 양평', '맑은 행복 양평', '물 맑은 양평' 등의 슬로건 때문일까? 서울 사람들의 주말 주택이 많다는 소문 때문일까? 연예인들의 집이나 별장이 있어서일까? 모두가 '좋은 데'의 조건이 된다. 또 양평이 산자수명(山紫水明)하고 이를 잘 보존하고 있으니, 환경이 좋은 곳을 찾는 사람이 모이는 것은 당연하다. 투자 가치를 따져서 '좋은 데'라고 말하는 사람도 없지는 않겠으나, 환경오염이 덜 한 데다 산빛 곱고 강물이 맑기 때문이려니 짐작한다. 게다가 오고 싶어도 여러 가지 사정으로 도시 생활을 접지 못하는 사람들의 선망까지 더 해져서 양평이 '좋은 데'가 된 것 같다. 서울 주변에서 산과 물이 조화를 이룬 도시로 양평만 한 데도 없다. 양평은 '좋은 데' 맞다. '좋은 데'라고 생각하여 터전을 잡았다. 지자(知者), 인자(仁者)가 아니니 요산요수(樂山樂水)의 경지는 어림도 없지만 그렇다고 해서 그리되고 싶은 욕망까지 웃음거리가 되지는 않을 터이다. 양평에 살면서부터 산책을 시작했다. 동네 고물상 허 사장이 강변길이 좋다고 일러주기에 강변으로 나가 보았다.

 덕평천을 따라 난 길을 가다 보니 왼편으로 작은 무지개다리가 걸려 있었다. 무지개다리 너머로 양근 성당이 보이고 성당 오른쪽으로는 섬을 감싸 도는 덕평천과 조금 멀리 보이는 남한강줄기, 그리고 천변의 갈대와 반쯤 물에 잠긴 나무들이 피어나는 물안개에 젖어 몽환적인 분위기를 연출하고 있었다. 덕평천을 따라 곧게 난 길은 강변으로 나고, 이

정표에는 '하늘사랑길'이라 적혀 있었다. 그 길 앞을 남한강 물길이 막아서고 길은 오른쪽으로 굽었다. 물결이 잔잔하여 감호(鑑湖)라 불렀다는 강물을 왼편에 두고 걷다 보면 덕구실 육교를 만난다. 길은 양평 남산 기슭에 놓인 자전거 도로와 만난다. 물과 산을 따라 걷는 이 길이 4년여의 산책 코스가 되었다.

 감호 위로 끝 간 데 없이 펼쳐진 넓고 푸른 하늘은 강변 풍경과 어우러져 '하늘사랑길'이란 이름이 아니더라도 이미 사랑하고 있다. 강변 풍경은 계절 따라, 시각(時刻)에 따라 다르다. 어느 계절이든 계절 나름의 풍경이 좋다. 시각에 따른 풍경도 저마다의 아름다움이 있다. 그중 정신을 아득하게 하는 풍경은 백병산 너머로 지는 석양이다. 계절 따라 백병산 마루로, 기슭으로 조금씩 자리를 바꾸어 해가 넘어간다. 산마루에 걸친 붉은 노을이 눈부시다. 붉게 물든 강물이 보글거리며 빛나는 물비늘 또한 눈부시다. 저무는 것들의 눈부심에 마음을 주고 있노라면 흐르는 강물처럼 속절없는 시간이 가슴으로 들어와 흐른다.

 양평은 동으로는 홍천, 남으로는 여주, 서로는 남양주와 경계하고 북으로는 유명산 정상까지 아우르는 큰 도시다.

겨우 양평읍내 지리 정도를 익히고 살고 있으니 언제쯤 다 둘러볼지 알 수 없다. 그런 형편에 '양평이 다 좋은 데'라고 말하기는 어렵다. 그러나 내 사는 곳은 내가 행복하니 '좋은 데' 맞다. 그동안 "좋은 데 사시네요."라는 말에 "뭘요", "서울. 더 좋은 데 사시면서"라는 말로 얼버무리면서 "예. 좋은 데 삽니다."라고 시원하게 말하지 못했다. 짬짬이 양평의 이곳저곳을 둘러보아야겠다. '양평문화역사연구회'에 가입하였으니 양평이 왜 좋은 곳인지 알아 가는 데 도움이 될 것이다. 여러 커뮤니티 활동도 하면서 사귐의 폭도 넓혀야겠다. 정말 '좋은 데'는 '좋은 사람'이 사는 곳이 아닐까? 물 맑은 양평에 좋은 사람이 물보다 많이 넘치기를 바라면서 오늘도 산책에 나선다.